Roland Heipcke

Analyse und Prognose des Modellzyklusses in der Automobi... neuronalen Netzen

Bibliografische Information der Deutschen Nationalbibliothek:

Bibliografische Information der Deutschen Nationalbibliothek: Die Deutsche Bibliothek verzeichnet diese Publikation in der Deutschen Nationalbibliografie; detaillierte bibliografische Daten sind im Internet über http://dnb.d-nb.de/ abrufbar.

Copyright © 1997 Diplomica Verlag GmbH
Druck und Bindung: Books on Demand GmbH, Norderstedt Germany
ISBN: 9783838609041

http://www.diplom.de/e-book/216805/analyse-und-prognose-des-modellzyklusses-in-der-automobilbranche-mit-kuenstlichen

Roland Heipcke

Analyse und Prognose des Modellzyklusses in der Automobilbranche mit künstlichen neuronalen Netzen

Diplom.de

Roland Heipcke

Analyse und Prognose des Modellzyklusses in der Automobilbranche mit künstlichen neuronalen Netzen

Diplomarbeit
an der Katholischen Universität Eichstätt/
Wirtschaftswissenschaftliche Fakultät Ingolstadt
August 1997 Abgabe

Diplomarbeiten Agentur
Dipl. Kfm. Dipl. Hdl. Björn Bedey
Dipl. Wi.-Ing. Martin Haschke
und Guido Meyer GbR

Hermannstal 119 k
22119 Hamburg

agentur@diplom.de
www.diplom.de

ID 904

ID 904
Heipcke, Roland: Analyse und Prognose des Modellzyklusses in der Automobilbranche
mit künstlichen neuronalen Netzen / Roland Heipcke · Hamburg: Diplomarbeiten
Agentur, 1998
Zugl.: Ingolstadt, Universität, Diplom, 1997

Dipl. Kfm. Dipl. Hdl. Björn Bedey, Dipl. Wi.-Ing. Martin Haschke & Guido Meyer GbR
Diplomarbeiten Agentur, http://www.diplom.de, Hamburg
Printed in Germany

Diplomarbeiten Agentur

Wissensquellen gewinnbringend nutzen

Qualität, Praxisrelevanz und Aktualität zeichnen unsere Studien aus. Wir bieten Ihnen im Auftrag unserer Autorinnen und Autoren Wirtschaftsstudien und wissenschaftliche Abschlussarbeiten – Dissertationen, Diplomarbeiten, Magisterarbeiten, Staatsexamensarbeiten und Studienarbeiten zum Kauf. Sie wurden an deutschen Universitäten, Fachhochschulen, Akademien oder vergleichbaren Institutionen der Europäischen Union geschrieben. Der Notendurchschnitt liegt bei 1,5.

Wettbewerbsvorteile verschaffen – Vergleichen Sie den Preis unserer Studien mit den Honoraren externer Berater. Um dieses Wissen selbst zusammenzutragen, müssten Sie viel Zeit und Geld aufbringen.

http://www.diplom.de bietet Ihnen unser vollständiges Lieferprogramm mit mehreren tausend Studien im Internet. Neben dem Online-Katalog und der Online-Suchmaschine für Ihre Recherche steht Ihnen auch eine Online-Bestellfunktion zur Verfügung. Inhaltliche Zusammenfassungen und Inhaltsverzeichnisse zu jeder Studie sind im Internet einsehbar.

Individueller Service – Gerne senden wir Ihnen auch unseren Papierkatalog zu. Bitte fordern Sie Ihr individuelles Exemplar bei uns an. Für Fragen, Anregungen und individuelle Anfragen stehen wir Ihnen gerne zur Verfügung. Wir freuen uns auf eine gute Zusammenarbeit

Ihr Team der *Diplomarbeiten* Agentur

Dipl. Kfm. Dipl. Hdl. Björn Bedey –
Dipl. Wi.-Ing. Martin Haschke ––
und Guido Meyer GbR –––––

Hermannstal 119 k –––––
22119 Hamburg –––––

Fon: 040 / 655 99 20 –––––
Fax: 040 / 655 99 222 –––––

agentur@diplom.de –––––
www.diplom.de –––––

Inhaltsverzeichnis

Anhang

IV

Abbildungsverzeichnis

Abkürzungsverzeichnis

Abb.	Abbildung
ANN	Artificial Neural Networks
BPN	Backpropagation-Netz
bzgl.	bezüglich
dt.	deutsch
et al.	et alii
FB/IE	Zeitschrift für fortschrittliche Betriebsführung und industrial engineering
GA	Genetische Algorithmen
ggf.	gegebenenfalls
GMD	GMD, Forschungszentrum für Informationstechnik GmbH (früher: Gesellschaft für Mathematik und Datenverarbeitung GmbH)
GP	große Produktaufwertung
HMD	Handbuch der Modernen Datenverarbeitung
i. d. R.	in der Regel
IEEE	The Institute of Electrical and Electronics Engineers
IO	Management-Zeitschrift Industrielle Organisation
i. V. m.	in Verbindung mit
KFBA	Kraftfahrtbundesamt
KI	Künstliche Intelligenz
KNN	Künstliche(s) neuronale(s) Netz(e)
MAE	Mean absolute error (mittlerer absoluter Fehler)
MaxAE	Maximum absolute error (maximaler absoluter Fehler)
MER	Modellerweiterung
MLP	Multi Layer Perceptron
MP	Modellpflege
MZ	Modellzyklus
NRW	Nordrhein-Westfalen
o. g.	oben genannt

o. J.	ohne Jahr
PKW	Personenkraftwagen
PLZ	Produktlebenszyklus
POS	Point of Sale
R^2	Bestimmtheitsmaß
s.	siehe
sog.	sogenannt
u. a.	und andere
UK	United Kingdom
unv.	unvollständig
u. U.	unter Umständen
v. a.	vor allem
vgl.	vergleiche
VW	Volkswagen
VDA	Verband der Automobilindustrie e.V.

Symbolverzeichnis[1]

Beschreibung von KNN:

$A_1, A_2, ..., A_\nu$	Ausgänge eines Netzes
a	Ausgangsfunktion
a_i	Ausgang(sfunktion) des Neurons i
c	Aktivierungsfunktion
c_i	Aktivität bzw. Aktivierungsfunktion des Neurons i
$E_1, E_2, ...$	Eingänge eines Netzes
$e_1, e_2, ...$	Eingänge eines Neurons
ε_i	effektiver Eingangswert des Neurons i
e	erwartete Approximationsgenauigkeit eines Netzes
E	Gesamtfehler eines Netzes
i	Index, numeriert i.d.R. die Neuronen eines Netzes
j	Index, numeriert i.d.R. die Eingänge eines Neurons
N	Anzahl der Neuronen eines Netzes
N_A	Anzahl der Ausgänge eines Netzes
ν	Index, numeriert die Ausgänge eines Netzes
N_E	Anzahl der Eingänge eines Netzes
N_i	Anzahl der Neuronen in der Schicht i
n	Anzahl der Eingänge eines Neurons
n_i	Anzahl der Eingänge eines Neurons i
P	Anzahl der Muster (Datensätze) in einem Trainingssatz
π	Index, numeriert die Trainingsdatensätze
$\Re$	Menge der reellen Zahlen
$S_1, S_2, ..., S_\nu$	Sollausgänge eines Netzes
s	Skalierungsfaktor
W	Anzahl der Gewichte eines Netzes
w_{ij}	Gewicht des Neurons i am Eingang j
Δw_{ij}	Änderung des Gewichtes w_{ij}
η	Lernrate
ϑ	Aktivierungsschwelle
μ	Momentumfaktor in der Backpropagation-Lernregel

---

[1] Die Bezeichnungen sind eng angelehnt an die Schreibweise von Hoffmann (1993), S. 167, 168.

Beschreibung modellbezogener Sachverhalte:

G	absoluter Absatz in einem Segment
h	Index für den betrachteten Hersteller
m	Index für das betrachtete Modell
M	absoluter Absatz eines Modells
Q	Segmentanteil
t	Index für die Zeit (in Jahren)
u	Index für das betrachtete Segment

Vorwort

Meine Erfahrungen in einem dieser Arbeit vorangegangenen Seminar im Sommersemester 1996 über die Anwendung nicht-klassischer Prognosemethoden für Automobilmarktprognosen haben gezeigt, daß es äußerst problematisch ist, die Entscheidungsträger neben dem Einsatz klassischer Methoden vom Sinn eines zusätzlichen Einsatzes neuerer Prognoseinstrumente wie Künstlicher neuronaler Netze (KNN) zu überzeugen. Dabei kann es nicht um die Substitution von Methoden gehen, sondern lediglich um eine Koexistenz sinnvoller Prognoseinstrumente.

Oft fehlt es hier an der Akzeptanz, die im Fall Künstlicher neuronaler Netze jedoch nicht dadurch geschaffen werden kann, daß die Arbeitsweise der Methode im Einzelfall erläutert wird. Vielmehr muß es hier darum gehen, die grundsätzliche Funktionsweise der Methode aufzuzeigen und auf diese Weise verständlich zu machen. Dadurch wird es möglich, von vornherein eine größtmögliche Transparenz zu schaffen.

Auch wenn die vorliegende Arbeit diesem Ziel der Transparenz nicht vollständig gerecht werden kann, so soll sie andererseits nicht eine Methode anpreisen, die für die Praxis nur von geringem Wert ist. Aus diesem Grund soll im Hintergrund immer die Frage stehen, welche Implikationen theoretische Aspekte auf die praktische Anwendung haben. Nicht zuletzt soll der praktische Teil der Arbeit Antworten auf die Umsetzbarkeit der vorgestellten Methode liefern und die obige Frage in möglichst breiter Hinsicht zu beleuchten versuchen.

Die Arbeit mit KNN stößt immer wieder auf Grundprobleme, die schon Platon trefflich herausgearbeitet hat und die ich daher meiner Arbeit voranstellen möchte[2] :

> *MENON: Und auf welche Weise willst du denn dasjenige suchen, Sokrates, wovon du überhaupt gar nicht weißt, was es ist? Denn als welches Besondere von allem, was du nicht weißt, willst du es dir denn vorlegen und so suchen? Oder wenn du es auch noch so gut träfest, wie willst du denn erkennen, daß es dieses ist, was du nicht wußtest?*
>
> *SOKRATES: Ich verstehe, was du sagen willst, Menon! Siehst du, was für einen streitsüchtigen Satz du uns herbringst? Daß nämlich ein Mensch unmöglich suchen kann, weder was er weiß, kann er suchen, denn er weiß es ja, und es bedarf keines Suchens weiter; noch was er nicht weiß, denn er weiß ja dann auch nicht, was er suchen soll.*
>
> *MENON: Scheint dir das nicht ein schöner Satz zu sein, Sokrates?*
>
> *SOKRATES: Mir gar nicht.*

---

[2] Der folgende Text ist ein Ausschnitt aus dem Dialog mit dem Titel „Menon" von Platon (Platon (1964), S. 21). Vgl. auch Schmitt (1996), S. 9.

Bildnachweis:

Die Titelgraphik wurde unter Verwendung einer modifizierten Abbildung aus dem folgenden Buch erstellt:

Nauck, Detlev et al. (1996): Neuronale Netze und Fuzzy-Systeme, 2., überarb. und erw. Aufl., Wiesbaden: Vieweg, S. 13.

Angaben zu eingesetzter Software und Warenzeichen:

NeuroShell 2 ist ein Programm der Ward Systems Group

MS Excel ist ein Programm der Microsoft Corporation

I. Motivation des Einsatzes neuronaler Netze zur Prognose

„Die Zukunft des Autos hat erst begonnen"[1] - dieser Buchtitel wurde bereits 1994 ver-
faßt, scheint aber heute mehr Gültigkeit denn je zu besitzen. Dennoch besteht in der Automobilindustrie wegen rasch wechselnder Modellzyklen ein hoher Argumentationsbe-
darf bei der Planung und Positionierung eines neu einzuführenden Modells. Eine einge-
hende Analyse der Faktoren, die den Absatz eines Modells beeinflussen, ist daher unentbehrlich.

Die vorliegende Arbeit hat zum Ziel, unter Einsatz Künstlicher neuronaler Netze (KNN)
die einzelnen Modellzyklen genauer zu untersuchen und auf dieser Grundlage Lang-
fristprognosen für zukünftige Modellzyklen zu ermöglichen. Die Betrachtungsebene dieser Arbeit befindet sich auf der untersten Aggregationsstufe des in Abbildung 1 schematisch dargestellten Systems.

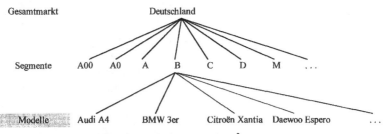

Abb. 1:   Einordnung der Prognoseebene[2]

Die zu analysierende und zu prognostizierende Größe soll hier der relative Modellanteil
Q in einem Segment u sein, der multipliziert mit dem Gesamtabsatz G in einem Segment
schließlich nach folgender Formel den absoluten Absatz M eines bestimmten Modells m
eines Herstellers h in einem Jahr t ergibt:

$$Q\ (t,u,h,m) \cdot G\ (t,u) = M\ (t,u,h,m)$$

Die Prognose der absoluten Segmentgröße G ist Teil der übergeordneten Prognoseebene
und soll hier nicht näher betrachtet werden. Wegen des umfangreichen Datenmaterials
war es nötig, die Untersuchung auf Deutschland zu beschränken. Einer Übertragung auf
andere Märkte steht aber grundsätzlich nichts entgegen.

---

[1] Buchtitel von Berger/ Servatius (1994).
[2] Eigene Darstellung. Die Segmentbezeichnungen werden in Abschnitt V.1 detailliert erläutert. Sie
     gliedern den Markt u.a. in Kleinst- (A00) bis Luxuswagen (D) sowie Vans (M).

Es stellt sich die Frage, warum zur Prognose der Modellanteile im jeweiligen Segment neben „klassischen" Methoden wie der Regressionsanalyse etc. KNN geeignet sein sollten. Bei der Analyse und Prognose von Marktanteilen handelt es sich gerade um eine komplexe und nicht eindeutig definierte Aufgabe, die es zu lösen gilt. Häufig kommen in der Praxis implizit auch subjektive Entscheidungsregeln zum Tragen. KNN versuchen, einen Zusammenhang zwischen Eingabe- und Ausgabewerten aufzustellen.[3] „Wenn ein Problem keinen klaren Lösungsweg hat, der sich Schritt für Schritt wie ein Rechenalgorithmus abarbeiten läßt, [...] oder wenn das Problem die Anwendung von *Faustregeln* bzw. *Gestalterkennung* oder *Beurteilung* verlangt, kommen neuronale Netzwerke zur Lösung in Frage."[4]

An KNN sollten allerdings nicht zu hohe Erwartungen gestellt werden. Sie können generell „zur deskriptiven Erfassung von Systemzusammenhängen"[5] genutzt werden. Dabei enthalten KNN selbst a priori keine Regeln. „Was sie tun, läßt sich jedoch sehr wohl durch Regeln *beschreiben*."[6] Die in KNN implizit repräsentierten Zusammenhänge können wie bereits angedeutet auch Erfahrungswerte oder Faustregeln sein. KNN vollziehen ähnlich eines Organismus' quasi eine „statistische Prozedur der Aufnahme von Einzelwerten (Erleben einzelner Erlebnisse) zur Schätzung der wahren Parameter in der Grundgesamtheit"[7]. Eine entscheidende Randbedingung dabei ist allerdings der verschwindend kleine Einfluß jeder einzelnen Erfahrung. Eine wesentliche Voraussetzung ist, daß die richtigen (d.h. relevanten) und eine ausreichende Anzahl an Vergangenheitsdaten als Lernmenge zur Verfügung stehen. Eine Prognose kann somit auch hier nicht mehr als eine Fortschreibung der Analyseergebnisse der Vergangenheit sein (s. Abb. 2). Der „Einsatz neuronaler Netze zur assoziativen Speicherung von Auswirkungen getroffener Entscheidungen entspricht im Grunde einer *multivariaten Prognose*."[8] Die Lernphase, in der das Netz anhand von Beispieldaten trainiert wird, kann dabei als regressionsanalytische Bestimmung von Prognoseparametern angesehen werden und die Recallphase, in der das trainierte Netz angewendet wird, als eigentliche Prognose.

---

[3] Vgl. Costen/ May (1996), S. 2.
[4] Spitzer (1996), S. 7. Siehe auch den Kriterienkatalog für den Einsatz neuronaler Netze von Mechler (1995), S. 97-99.
[5] Faißt (1993), S. 221.
[6] Spitzer (1996), S. 29.
[7] Spitzer (1996), S. 58.
[8] Faißt (1993), S. 224. Hecht-Nielsen (1989), S. 110, sieht KNN als „variants of the methods of statistical regression analysis".

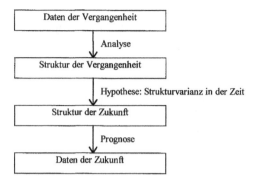

| Daten der Vergangenheit |
| Analyse |
| Struktur der Vergangenheit |
| Hypothese: Strukturvarianz in der Zeit |
| Struktur der Zukunft |
| Prognose |
| Daten der Zukunft |

Abb. 2:   Entwicklung von Prognosemodellen[9]

Um ein Prognosesystem auf Basis von KNN in der Praxis umsetzen zu können, sind
theoretische Grundlagen aus verschiedenen Bereichen nötig:

Zunächst erläutert Kapitel II grundsätzlich, was bei langfristigen Prognosen zu beachten
ist. Dabei werden kurz die Anforderungen und Merkmale einer Langfristprognose vorgestellt. Kapitel III befaßt sich im Anschluß eingehend mit KNN als Beispiel einer Prog-
noseform. Dabei werden insbesondere die theoretischen Grundlagen neuronaler Netze
diskutiert. Kapitel IV stellt Modellzyklen als einen Anwendungsfall für die Prognose vor.
Dabei wird der Frage nachgegangen, warum es sinnvoll ist, Modellzyklen zu prognosti-
zieren, insbesondere in der Automobilindustrie. Daneben wird analytisch überprüft, welches Aussehen Modellzyklen in der Automobilbranche aufweisen.

Aufbauend auf den drei vorherigen Kapiteln kommen in Kapitel V die vorher gewonnenen Erkenntnisse bei der Konstruktion eines konkreten Prognosesystems zum Einsatz.
Ziel ist es insbesondere, die Probleme detailliert zu erörtern, die beim Einsatz neuronaler
Netze als Prognoseinstrument auftreten und daraus Erfahrungen für zukünftige Einsätze
von KNN zu gewinnen.

Abschließend gibt Kapitel VI mit einer Zusammenfassung und einer Bewertung einen
kritischen Überblick über die Einsatzmöglichkeiten und Implementierungsprobleme von
KNN sowie einen Ausblick auf weiterführende Fragestellungen.

---

[9]   In Anlehnung an: Hantschel/ Zimmermann (1992) in: Corsten/ May (1996), S. 37.

II. Aspekte langfristiger Prognosen

1. Definition und Gegenstand von Absatzprognosen

In der unternehmerischen Planung sind Absatzprognosen für die langfristige Absatzplanung zur Begründung strategischer Entscheidungen unentbehrlich.[10] Strategische Planung befaßt sich nach der klassischen Definition von Ansoff „mit der Gestaltung der Beziehungen zur Umwelt des Unternehmens"[11]. Heute versteht man darunter weiter gefaßt weitreichende Entscheidungen von langer Wirkungsdauer.[12] Diese Entscheidungen beeinflussen in Interaktion mit der Umwelt direkt den Unternehmenserfolg. Der Unternehmenserfolg (E) hängt ab von den Entscheidungen (X) sowie der Umwelt (Y) des Unternehmens:

$$E = f(X, Y)$$

Unter Umwelt werden dabei alle exogenen Einflüsse zusammengefaßt, die außerhalb des Entscheidungsfeldes des Unternehmens liegen. Damit wird die Relevanz exogener, nicht beeinflußbarer Faktoren für den Unternehmenserfolg und somit die strategische Planung deutlich.

Die genannten Aspekte faßt Meffert in folgender Definition einer Absatzprognose zusammen[13]:

„Unter Absatzprognose versteht man allgemein eine auf die Empirie gestützte Vorhersage des zukünftigen Absatzes von bestimmten Produkten oder Leistungen einer Unternehmung an ausgewählte Käuferschichten (Abnehmer) in einem bestimmten Zeitabschnitt und bei einer bestimmten absatzpolitischen Mittelkombination." Als Gegenstand einer solchen Absatzprognose nennt Meffert neben dem zukünftigen Zustand und Entwicklung von Markt- und Absatzpotential sowie Markt- und Absatzvolumen auch den Marktanteil, auf dem in dieser Arbeit der Fokus liegt.

---

[10] Vgl. Meffert (1991), S. 217.
[11] Ansoff (1965), S. 5 zitiert nach Schülen (1985), S.17. Vgl. Ansoff (1987), S. 24.
[12] Vgl. Hanssmann (1982), S. 255 zitiert nach Schülen (1985), S. 18. Vgl. Hanssmann (1995), S. 259.
[13] Meffert (1991), S. 216.

2. Methodische Grundlagen für Prognosemodelle

Um zu quantitativen Prognoseaussagen zu gelangen, bieten sich folgende Möglichkeiten[14]:

1. subjektive Methoden (Expertenschätzung, Delphi-Runden etc.)
2. Zurückführen des Prognosedatums auf Pseudo- oder Proxyeinflüsse
   (z. B. Zeitreihenanalyse)
3. Zurückführen auf ursächliche Einflußgrößen

Die dritte Alternative ist „für Zwecke der langfristigen Prognose am ehesten brauchbar"[15], da sie den oben angeführten Kriterien einer Absatzprognose am meisten Rechnung trägt.

Prognosen können nach unterschiedlichen Kriterien systematisiert werden. Eine recht grobe Einteilung findet sich bei Jagoda, der zwischen *direkter* und *indirekter Absatzvorausschätzung* unterscheidet: Die indirekte Methode ist dabei recht global, da sie sich nur auf bestehende Prognosen stützt. Direkt bedeutet hingegen die „Zerlegung der Gesamtnachfrage in nachfragewirksame Komponenten"[16]. Dabei sollen „Abhängigkeiten aufgezeigt und Auswirkungen von Veränderungen einzelner Faktoren auf die Globalgröße"[17] verdeutlicht werden.

Eine differenziertere Systematisierung verwendet Meffert, der Prognosen nach den folgenden drei Kriterien unterscheidet[18]:

a) *Entwicklungsprognosen vs. Wirkungsprognosen:*
   Entwicklungsprognosen enthalten nicht beeinflußbare Variablen (z. B. die Zeit). Wirkungsprognosen erklären das Prognosedatum dagegen aus Kausalvariablen. Kombinierte Entwicklungs- und Wirkungsprognosen, wie sie hier eingesetzt werden sollen, verbinden kausale Erklärung mit der Berücksichtigung der Abfolge der Datenpunkte.

b) *Prognosezeitraum:*
   Während sich Prognosen mit kurzem Zeithorizont maximal auf einen Zeitraum weniger Jahre erstrecken, stehen hier langfristige Prognosen mit einem 10-Jahres-Horizont und mehr im Mittelpunkt. Für ein Kausalmodell ist dabei anzumerken: „Sofern angenommen werden kann, daß die Zusammenhänge, die es abbildet, ihre Gültigkeit behalten, ist es an keine Fristen gebunden."[19]

---

[14] Vgl. Schülen (1985), S. 23-24.
[15] Schülen (1985), S. 26, so auch Kellner (1987), S. 7, 9.
[16] Jagoda (1972), S. 53.
[17] Jagoda (1972), S. 53.
[18] Vgl. Meffert (1991), S. 218-220.
[19] Schülen (1985), S. 142.

c)   *Art der Vorhersage:*

Qualitative Prognosen wie Expertenvorhersagen aufgrund von Erfahrungen etc. stehen den hier verwendeten quantitativen Prognosen gegenüber, die sich auf mathematische Verfahren (in diesem Fall KNN) stützen.

Die in Kapitel V eingesetzten KNN lassen sich in dieser Systematik als quantitative Wirkungsprognosen ohne festen Zeithorizont einordnen. Die verwendete Prognosemethode ließe sich auch als kombinierte Entwicklungs- und Wirkungsprognose ansehen, da die Zeit implizit über die Vorjahresdaten mit einfließt (vgl. Abschnitt V.2.1).

Nach der Einordnung des zu verwendenden Prognosetyps ist es nützlich, die genaue Vorgehensweise für die Erstellung zu reflektieren, die sich in folgende Punkte gliedert[20] :

– Aufstellen plausibler Wirkungshypothesen,

– Operationalisierung der Einflußgrößen,

– mathematische Beschreibung der funktionalen Beziehungen und

– Test anhand der historischen Daten.

Bei hinreichender Berücksichtigung dieser Punkte ergibt sich schließlich ein statistisch akzeptables sowie theoretisch plausibles Prognosemodell. Bei der hier verwendeten Methode Künstlicher neuronaler Netze wird die Beschreibung der funktionalen Beziehungen durch die interne Repräsentation übernommen. Dadurch entfällt im Falle einer sinnvollen Abbildung das Erfordernis der mathematischen Beschreibung der funktionalen Beziehungen.

Wesentlich für Prognosen ist eine gründliche Analyse. Als methodischer Rahmen ist die Systemanalyse von Wilde hilfreich: Den ersten Schritt zur Entwicklung von Prognosemodellen stellt die „systematische Erfassung der Bestimmungsfaktoren des Prognosedatums dar"[21]. Das Ergebnis, eine reichhaltige Dokumentation des Ursachenkomplexes, bildet die „Ausgangsbasis für die Formulierung eines mathematischen Modells"[22]. Wilde führt folgende Informationsquellen an:

– Plausibilitätsüberlegungen,

– frühere Untersuchungen zur gleichen oder einer ähnlichen Problematik,

– wissenschaftliche Theorien,

– empirische Daten sowie

– Expertenauskünfte.

---

[20]   Vgl. Kellner (1987), S. 12. Die von Meffert (1991), S. 220-223, vorgeschlagenen Durchführungsstufen von Prognosen sind zwar detaillierter, aber eher auf klassische Prognosemethoden zugeschnitten. Ergänzend ist darin allerdings die Datenerhebung (sekundär/ primär) angesprochen.
[21]   Wilde (1981), S. 117-119 zitiert nach Schülen (1985), S. 36.
[22]   Wilde (1981), S. 117-119 zitiert nach Schülen (1985), S. 36.

„In jedem Fall sollte jedoch die Hypothesenbildung anhand der drei erstgenannten Informationsquellen der Analyse empirischer Daten vorausgehen"[23]. Diese Aussage relativiert die Bedeutung der Empirie aus der obigen Definition einer Absatzprognose von Meffert.

Eine nach den bisher diskutierten Leitlinien erstellte Absatzprognose liefert aber nicht zwangsläufig schon gute Prognoseergebnisse. Vielmehr gilt es, wichtige Anwendungsfehler, wie z. B. Schülen sie nennt, zu vermeiden[24]:

1. Blindgläubigkeit: Es wird oft nicht hinterfragt, welche Annahmen es sind, auf denen das Modell basiert.

2. Betrachten nur eines Annahmesatzes und damit nur eines Prognoseergebnisses: „gute Prognosemodelle sind deshalb so konstruiert, daß man alle wesentlichen Annahmen variieren kann. Sie bilden lediglich diejenigen Zusammenhänge fest und unveränderlich ab, die auch in Zukunft als stabil angenommen werden können."[25]

3. Vernachlässigung der Unsicherheitsbandbreite: Die Beachtung des Unschärfebereichs ist von enormer Wichtigkeit.

Während die Beachtung des ersten Punktes eher in der Verantwortung des einzelnen Anwenders liegt, ist es möglich, die Prognoseunsicherheit durch gezielte Auswahl bestimmter Annahmebündel systematisch zu erfassen.

3. Berücksichtigung der Unsicherheit

Ein Prognosemodell muß die Möglichkeit bieten, verschiedene Annahmen einzugeben und die Auswirkungen dieser Annahmen aufzuzeigen. Das „Ausprobieren" verschiedener Annahmen bzw. Annahmebündel kann dabei systematisiert werden. Schülen erläutert den Zweck eines solchen Vorgehens wie folgt: „Anschaulich dargestellt wird die Unsicherheit durch mehrere **alternative** Prognosen, die unter verschiedenen Annahmen bzw. Annahmebündeln (Szenarien) formuliert werden."[26] Somit wird nicht nur eine, sondern eine Reihe verschiedener Prognosen erstellt.

Die Definition von Reibnitz faßt die angesprochenen Aspekte zusammen: „Ein Szenario ist ein Bündel konsistenter Annahmen über die zukünftige Ausprägung wichtiger Umweltfaktoren."[27]

---

[23] Wilde (1981), S. 120 zitiert nach Schülen (1985), S. 37.
[24] Vgl. Schülen (1985), S. 27.
[25] Schülen (1985), S. 27.
[26] Schülen (1985), S. 19.
[27] Reibnitz (1981), zitiert nach Schülen (1985), S. 33.

Im Zentrum steht also das „Erarbeiten alternativer Zukunftsbilder"[28], wobei man sich üblicherweise auf drei bis fünf Szenarien beschränkt. Die durch unterschiedliche Annahmen ausgedrückte Prognoseunsicherheit kann dann analog zu Abbildung 3 dargestellt werden.

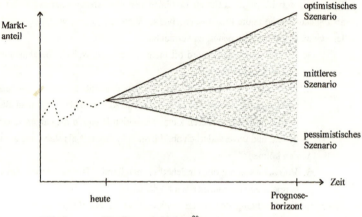

Abb. 3:   Der Szenariotrichter[29]

Es ist unmittelbar ersichtlich, daß „die Qualität einer Prognose steht und fällt mit der Qualität der Annahmen, von denen sie ausgeht."[30]

Methodisch geht das Erarbeiten von Szenarien „von der Analyse der gegenwärtigen Situation aus, ermittelt die wichtigsten Einflußfaktoren, definiert Kenngrößen für die Umfelder und führt über die Prognose dieser Kenngrößen zu alternativen, in sich konsistenten Zukunftsbildern"[31].

Das Vorgehen teilt Schülen dabei in Anlehnung an Reibnitz in acht Schritte ein[32]:

1. „Strukturierung und Definition des Untersuchungsfeldes;

2. Identifizierung und Strukturierung der wichtigsten Einflußbereiche auf das Untersuchungsfeld;

3. Ermittlung von Entwicklungstendenzen und kritischen Deskriptoren für die Umfelder;

4. Bildung und Auswahl alternativer konsistenter Annahmenbündel;

5. Interpretation der ausgewählten Umfeld-Szenarien;

[28] Schülen (1985), S. 33.
[29] Eigene Darstellung in Anlehnung an: Reibnitz (1991), S. 27.
[30] Schülen (1985), S. 33.
[31] Reibnitz (1981), zitiert nach Schülen (1985), S. 34. Vgl. Reibnitz (1991), S. 26.
[32] Reibnitz (1981), zitiert nach Schülen (1985), S. 34. Vgl. Reibnitz (1991), S. 30 - 70.

6. Einführung und Auswirkungsanalyse signifikanter Störereignisse;
7. Ausarbeiten der Szenarien bzw. Ableiten von Konsequenzen für das Untersuchungsfeld;
8. Konzipieren von Maßnahmen und Planungen für das Unternehmen.

Ein Prognosemodell soll den Benutzer anregen, „mit ihm zu spielen und dabei zu lernen, wie es auf die Eingabe unterschiedlicher Annahmen reagiert. Er soll dabei durch häufiges Ausprobieren ein Gefühl für das Prognosedatum und seine Abhängigkeiten entwikkeln."[33] „Weniger durch das, was das Modell an Ergebnissen vorstellt, ist es interessant, als durch das, was man [...] lernen kann."[34]

4. Bewertung von Prognosemodellen

Nachdem aufgezeigt wurde, „daß die Szenario-Technik im Grunde obligater Teil jeder strategischen Planung und der Prognosen, die diese verwendet, sein sollte"[35], wird nun abschließend ein Kriterienkatalog zur Bewertung eines Prognosemodells aufgestellt:[36]

1. Prognosegenauigkeit
2. Datenbedarf
3. Komplexität
4. Anwendungsfreundlichkeit
5. Zeitbedarf

Eng mit diesen Anforderungen verknüpft sind auch Kriterien wie Wirtschaftlichkeit, Aktualität und Realitätsnähe.

Da KNN als Methode recht komplex sind und von vielen Parametern abhängen, ist es wichtig, daß neben der Validität des Ergebnisses auch Reproduzierbarkeit und Vergleichbarkeit gegeben sind.[37] Eine Offenlegung sämtlicher Spezifika der verwendeten KNN sowie eine gründliche Analyse der erzielten Ergebnisse sind daher unentbehrlich.

---

[33] Kellner (1987), S. 10.
[34] Wiegert (1976), S. 46, zitiert nach Kellner (1987), S. 10.
[35] Schülen (1985), S. 35.
[36] Vgl. dazu die Anforderungskataloge von Diller (1980), S. 100, Little (1970), zitiert nach Schülen (1985), S. 142-143 und Sink (1992), S. 104-105.
[37] Vgl. Prechelt (1994), S. 8-9.

III. Grundlagen Künstlicher neuronaler Netze

Dieses Kapitel vermittelt - soweit es in diesem Rahmen angebracht ist - einen Einblick in die wesentlichen Aspekte der Theorie Künstlicher neuronaler Netze. Dabei wird stufenweise die Sicht auf die in der verwendeten Software genutzten Funktionalitäten fokussiert werden: Zunächst bildet der geschichtliche Überblick einen allgemeinen Rahmen, gefolgt von einer Übersicht möglicher „Stellschrauben" bei der Realisierung von KNN bis hin zur detaillierten Vorstellung des Fehlerrückführungs-Netzes (Backpropagation). Abgeschlossen wird das Kapitel mit einem Ausblick auf die Möglichkeit, genetische Algorithmen (GA) in die Konstruktion von KNN zu integrieren. Die Einbindung von GA ist als Exkurs anzusehen, da die verwendete Software dieses Hilfsmittel zur Konstruktion neuronaler Netze noch nicht unterstützt und daher GA in dieser Arbeit nicht zum Einsatz kommen konnten.

1. Kleine Genealogie neuronaler Netze[38]

Der Begriff „Neuronen" wurde erstmals 1891 vom deutschen Anatomen Waldeyer gebraucht. Einzelne Gehirnzellen samt ihrer Verästelungen konnten durch die vom italienischen Arzt Camillo Golgi um 1870 entwickelte sog. Golgi-Färbemethode erstmals sichtbar gemacht werden. Um 1890 entwickelt Ramón y Cajal seine Neuronentheorie, „die aber noch spekulativen Charakter hatte, da über die Funktionsweise von Neuronen noch nichts bekannt war"[39]. Einen ersten Durchbruch brachte 1943 die Theorie des Psychiaters Warren McCulloch und des Harvard-Studenten Walter Pitts. Ihnen zufolge läßt sich ein neuronales Netz durch einfache binäre Schwellenwertelemente simulieren. Dabei wird eine Zelle aktiv, sobald die Signale, die ihre Synapsen beisteuern, einen bestimmten Schwellenwert übersteigen.[40] Ihre Theorie von Neuronen als logischen Schaltelementen erwies sich jedoch später als falsch.[41]

Nachdem der Psychologe Donald Hebb 1949 den Lernprozeß eines neuronalen Netzes durch die physiologische Veränderung der Nervenzellen und ihrer Verbindungen erklärt hatte[42], begann in den fünfziger und sechziger Jahren eine erste Blütezeit der Netzwerk-

---

[38] Siehe ausführlicher zu diesem Abschnitt Hecht-Nielsen (1989), S. 14-19, Kratzer (1993), S. 14-17, Widrow (1960), S. 82-108.
[39] Spitzer (1996), S. 3; vgl. auch Ramón y Cajal (1988).
[40] Vgl. McCullogh/ Pitts (1943), S. 115 - 133; s. auch Schmidt (1990), S. 62.
[41] Vgl. Spitzer (1996), S. 6.
[42] Vgl. Spitzer (1996), S. 43-44, s. auch Schmidt (1990), S. 63.

modelle.[43] Die Euphorie dieser Jahre entsprang dem Glauben, ein Modell gefunden zu haben, mit dem sich das Gehirn und damit menschliche Intelligenz simulieren lasse. Im Jahr 1958 stellt der Psychopathologe Frank Rosenblatt das Perceptron vor, ein zwei-schichtiges, vorwärtsgekoppeltes Netz.[44] „Rosenblatt konnte zeigen, daß diese Lernregel in endlicher Zeit zu einer Lösung für die Verbindungsgewichte konvergiert, sofern eine Lösung existiert (Perceptron-Konvergenz-Theorem)."[45] Zwei Jahre später entwickeln Ted Hoff und Bernard Widrow an der Universität Stanford das Adaline-Netz.

Diese erste Phase der Euphorie findet allerdings 1969 ein abruptes Ende, als Seymour Papert und Marvin Minsky in ihrem Buch „Perceptrons" zeigen, daß ein Perceptron mit seinen zwei Verarbeitungsschichten Funktionen wie das XOR-Problem nicht lernen kann.[46] Stephen Grossberg entwickelt 1976 an der Universität Boston in seiner Adapti-ven-Resonanz-Theorie (ART) das erste KNN mit Rückkopplungen, mit dem nun auch Klassifizierungsaufgaben möglich werden. Sechs Jahre darauf, 1982, gelingt dem Physi-ker John Hopfield die Rehabilitierung der Netzforschung: Er entdeckt, daß sich Techni-ken der theoretischen Physik (aus der Spinglas-Theorie) zur Analyse, Beschreibung und Konstruktion von KNN eignen.[47] Der Computerexperte David Rumelhart verbessert 1985 in Zusammenarbeit mit dem Psychologen Geoffrey Hinton den Backpropagation-Algorithmus.[48] Grundlage hierfür bildet der von Paul Werbos 1967 formulierte Back-ward-Error-Propagation-Algorithmus (Backprop). Fortan ist die Konstruktion mehr-schichtiger, leistungsfähiger Perceptron-Netze möglich. 1988 entwickelt Teuvo Kohonen an der TU Helsinki Assoziativspeicher-Modelle als neuen Netztyp.

Die gegen Ende der achtziger Jahre erneut aufkommende Euphorie in der Netzforschung nährt seitdem einen Forschungswettlauf, der bis heute sowohl erstaunliche Erkenntnisse über die Arbeitsweise des Gehirns geliefert hat, als auch Anlaß zu vielfältigen Simulati-onsexperimenten gegeben hat. Nicht zuletzt deshalb werden die neunziger Jahre auch „Dekade des Gehirns"[49] genannt.

---

[43] Eine neben den unten genannten wesentliche Publikation war Minskys Dissertation (1954): Neural Nets and the Brain Model Problem.

[44] Vgl. Rosenblatt (1962).

[45] Bauer (1991), S. 11.

[46] Vgl. Minsky/ Papert (1969) und Spitzer (1996), S. 127.

[47] Zur Spinglas-Theorie siehe z.B. Schöneburg et al. (1990), S. 62 - 65.

[48] Als wichtiges Werk erscheinen 1986 die „Parallel Distributed Processig"-Bände von Rumelhart/ McClelland (vgl. Rumelhart/ Hinton/ Williams (1986a)). Seit 1987 findet jährlich eine vom IEEE organisierte Konferenz „International Conference on Neural Networks" statt.

[49] Spitzer (1996), S. 339.

2. Überblick über die ein KNN spezifizierenden Parameter

Ein Künstliches neuronales Netz setzt sich nach dem natürlichen Vorbild Gehirn aus vielen einzelnen Neuronen zusammen.[50] Diese Neuronen erfüllen jeweils nur eine kleine Teilaufgabe. Erst durch eine bestimmte Netztopologie entsteht eine strukturierte Vernetzung, die mittels vielfältiger Verbindungen (Synapsen) eine sinnvolle Zusammenarbeit im Verbund gewährleistet. Damit dieses Netz bestimmte Aufgaben übernehmen kann, muß es vor der Anwendung in einer Trainingsphase diese Aufgaben erlernen.

In den folgenden drei Abschnitten werden die Charakteristika, die ein KNN definieren, genauer betrachtet. Dabei werden die Hauptkomponenten Prozessorelemente, Globalstruktur und Interconnections unterschieden.[51] Die Ausführungen sollen sowohl einen Überblick über Gestaltungsalternativen geben und diese systematisieren als auch die in Kapitel V verwendeten Netzwerkparameter detailliert vorstellen.

2.1. Aufbau und Funktionsweise künstlicher Neuronen

Ein formales Neuron i [52] hat die Funktion, eine Eingabe in ein Ausgangssignal zu überführen. Es setzt sich aus drei Teilfunktionen zusammen (s. Abb. 4):[53] Zunächst wird mittels einer Propagierungs- oder Inputfunktion eine gewichtete Summe über alle Eingänge gebildet. Daraus ergibt sich der effektive Eingang ε_i. Anschließend berechnet die Aktivierungsfunktion c den Aktivierungszustand c_i des Neurons. Bevor das Signal das Neuron verläßt, kann es ggf. noch durch die Ausgangs- oder Ausgabefunktion a anders skaliert werden.

---

[50] Es sei auf den Unterschied zwischen „Neuronennetz" als natürlichem Vorbild und „neuronalem Netz" als künstlichem Modell hingewiesen (vgl. Brause (1995), S. 38-39). Zwischen Vorbild und Modell „besteht nur eine sehr entfernte Ähnlichkeit" (Schmidt (1992), S. 42). Daher sind die verwendeten Begriffe nicht im biologischen Sinn zu verstehen.
In der Forschung zu KNN werden zwei grundsätzlich verschiedene Ansätze verfolgt: Eine enge Orientierung an den natürlichen Prozessen und eine davon weitgehend unabhängige mathematische Modellierung (vgl. Hamilton (1993), S. 82). Den folgenden Ausführungen wird letzteres Verständnis zugrundegelegt.
Eine Einführung in den biologischen Hintergrund zu KNN geben z.B. Adam (1995a), S. 507-508, Anderson (1995), S. 1-35, Bauer (1991), S. 5-8, Brause (1995), S. 33-37, Hamilton (1993), S. 79-88, Hoffmann (1992), S. 1-4, Müller/ Rittmann (1996), S. 4-9, Nauck/ Klawonn/ Kruse (1996), S. 11-18, Radermacher (1992), S. 59-63, Ritter/ Martinez/ Schulten (1992), S. 13-24, Schöneburg et al. (1990), S. 35-47 und
Spitzer (1994), S. 329-341.
Ausführliche Darstellungen der biologischen Zusammenhänge geben z.B. Finger (1994), Guyton (1992), Kandel/ Schwartz (1985) sowie Nicholls/ Martin/ Wallace (1995).
[51] Siehe die Einteilung bei Rumelhart (vgl. Hamilton (1995), S. 66).
[52] auch: Prozessor-, Verarbeitungselement oder -einheit, (processing) unit, Einheit, Knoten
[53] Vgl. Kratzer (1993) und Nauck/ Klawonn/ Kruse (1996), S. 21-22.

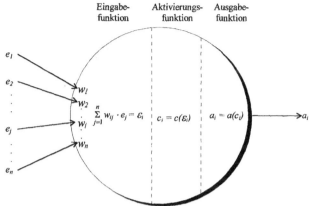

| Eingabe- funktion | Aktivierungs- funktion | Ausgabe- funktion |

$$\sum_{j=1}^{n} w_{ij} \cdot e_j = \varepsilon_i \qquad c_i = c(\varepsilon_i) \qquad a_i = a(c_i) \longrightarrow a_i$$

Abb. 4:   Die Berechnungsschritte eines Neurons

Diese Einteilung der Berechnungen eines Neurons ist in der Literatur nicht einheitlich: Teilweise verwenden Autoren eine umgekehrte Bezeichnung für Aktivierungs- und Ausgangsfunktion.[54] Oft werden Aktivierungs- und Ausgangsfunktion auch zusammengefaßt zu einer Transfer- oder Übertragungsfunktion. Einige Autoren fassen sogar alle drei Berechnungsschritte als Transferfunktion zusammen.

Den ersten Berechnungsschritt eines Neurons führt die **Eingangsfunktion** aus. Das Neuron i erhält von den Neuronen j ($j=1,...,n$) jeweils ein Eingangssignal. Diese realwertigen Signale werden zunächst mit dem betreffenden Faktor w_{ij} ($w_{ij} \in \mathfrak{R}$) gewichtet und dann zum effektiven Eingang aufaddiert.[55]

Der Gewichtungsfaktor kann drei Ausprägungen haben:[56]
Bei $w_{ij} > 0$ handelt es sich um einen erregenden (exzitativen) Eingang,
bei $w_{ij} < 0$ wirkt dieser Eingang hemmend (inhibitorisch)
und bei $w_{ij} = 0$ ist die Verbindung als nicht existent anzusehen.

In Vektorschreibweise ergibt sich der effektive Eingang ε als Skalarprodukt aus dem Eingangsvektor e und dem Gewichtsvektor w:

$$\varepsilon = w \cdot e$$

---

[54] Vgl. Hoffmann (1993), S. 16-27.
[55] Für binäre Neurone haben die Signale und Gewichte ggf. nur diskrete Ausprägungen.
[56] Vgl. Rieger (o.J.), S. 6.
Diese Unterteilung ist eng mit dem Vorbild der menschlichen Großhirnrinde verbunden, in der sich exzitatorische und inhibitorische Wirkungen nachweisen ließen: Ca. 70% der dortigen Pyramidenzellen haben eine erregende Funktion, 20-30% wirken hemmend. Letztere werden auch als Interneuronen bezeichnet, da sie den anderen Neuronen zwischengeschaltet sind (vgl. Spitzer (1996), S. 95).

13

Der effektive Eingang läßt sich damit interpretieren als „ein Maß für die Übereinstimmung oder die 'Korrelation' zwischen dem am Neuron anliegenden Eingangsvektor e und dem 'inneren Zustand' oder 'Lernzustand' w des Neurons. ε wird umso größer, je größer die Ähnlichkeit zwischen dem Eingangsvektor und dem Lernzustand des Neurons ist."[57] Alternativ zu der üblichen gewichteten Summierung der Eingänge ist auch eine Summe aus den Produkten der Eingangswerte möglich. Neuronen mit einer solchen Eingangsfunktion werden Sigma-Pi-Neuronen genannt.[58]

Die **Aktivierungsfunktion** berechnet aus dem Wert des effektiven Eingangs ε die Aktivierung des Neurons, wobei das Neuron ab einer Schwelle ϑ aktiviert werden soll. Abbildung 5 gibt eine Übersicht über gebräuchliche Aktivierungsfunktionen, wobei jedoch nur solche Funktionen betrachtet werden, die für die praktische Anwendung in einem Backpropagation-Netz einsetzbar sind. Daher wird auf stochastische Funktionen (z.B. für Boltzmann-Maschinen) nicht weiter eingegangen.

Für die Transformation ist in jedem Fall wichtig, daß die eingesetzte Funktion monoton wachsend sowie nach oben und unten beschränkt ist.[59] Stetige Funktionen wie z.B. die Fermi-Funktion sind dabei mathematisch einfacher zu handhaben als unstetige Funktionen mit Sprungstellen.

Die **Ausgangsfunktion** kann schließlich eine Wertetransformation vornehmen. Mittels eines Proportionalitätsfaktors ist es möglich, das erhaltene Aktivierungssignal c_i auf einen neuen Wertebereich zu skalieren, bevor es an andere Neuronen weitergeleitet wird. Nimmt dieser Faktor den Wert 1 an, so ist die Ausgangsfunktion die Identität. Darüber hinaus sind auch andere Ausgangsfunktionen denkbar, die hier aber nicht diskutiert werden sollen.

---

[57] Hoffmann (1993), S. 28.
[58] Vgl. Hoffmann (1993), S. 17.
[59] Vgl. Caudill/ Butler (1992), S. 6.

Lineare Funktionen

- begrenzt linear

$$a_i = \begin{cases} z_{max} & , \varepsilon_i > k_3 \\ k_1 \cdot \varepsilon_i + k_2 & , k_4 \leq \varepsilon_i \leq k_3 \\ z_{min} & , k_4 \leq \varepsilon_i \end{cases}$$

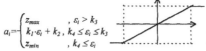

k_1: Steigung
k_2: Verschiebung
k_3, k_4: Konstanten
z_{min}, z_{max}: untere/ obere Schranke

- Identität $\qquad a_i = \varepsilon_i$

Spezialfall von begrenzt linear:
$k_1 = 1, k_2 = 0, k_3 = \infty, k_4 = -\infty$

Schwellwertfunktionen

1. binäre Funktionen:

- Heavyside

$$a_i = \begin{cases} 1 & , \varepsilon_i > 0 \\ 0 & , \varepsilon_i \leq 0 \end{cases}$$

- Signum
  (hard-limiter)

$$a_i = \begin{cases} 1 & , \varepsilon_i > 0 \\ 0 & , \varepsilon_i = 0 \\ -1 & , \varepsilon_i < 0 \end{cases}$$

2. sigmoide Funktionen:

- Fermi-Funktion
  (Logistische Fkt.)

$$a_i = z_{min} + \frac{z_{max} - z_{min}}{1 + e^{-4\sigma \frac{\varepsilon_i - \vartheta}{z_{max} - z_{min}}}}$$

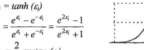

z_{min}, z_{max}: untere/ obere Schranke
ϑ: Schwellwert
σ: Steigung bei ϑ

- Tangens hyperbolicus $\quad a_i = tanh\,(\varepsilon_i)$

$$= \frac{e^{\varepsilon_i} - e^{-\varepsilon_i}}{e^{\varepsilon_i} + e^{-\varepsilon_i}} = \frac{e^{2\varepsilon_i} - 1}{e^{2\varepsilon_i} + 1}$$

Spezialfall der Fermi-Fkt.:
$z_{min} = -1, z_{max} = 1, \vartheta = 0, \sigma = 1$

- arctan

$$a_i = \frac{2}{\pi} arctan\,(\varepsilon_i)$$

- Sinus

$$a_i = \begin{cases} z_{max} & , \varepsilon_i \geq \frac{\pi}{2} \\ sin\,(\varepsilon_i) & , -\frac{\pi}{2} < \varepsilon_i < \frac{\pi}{2} \\ z_{min} & , \varepsilon_i \leq -\frac{\pi}{2} \end{cases}$$

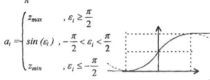

z_{min}, z_{max}: untere/ obere Schranke

- Kosinus-
  Quetschfunktion

$$a_i = \begin{cases} z_{max} & , \varepsilon_i \geq \frac{\pi}{2} \\ \frac{1}{2}(1 + cos(\varepsilon_i - \frac{\pi}{2})) & , -\frac{\pi}{2} < \varepsilon_i < \frac{\pi}{2} \\ z_{min} & , \varepsilon_i \leq -\frac{\pi}{2} \end{cases}$$

identisch mit Sinus

- Gauß'sche Vertei-
  lungsfunktion

$$a_i = \int_{-\infty}^{\varepsilon_i} e^{-\frac{\varepsilon_i'^2}{\sigma^2}} d\varepsilon_i'$$

3. sonstige Funktionen

- Gauß'sche Glocken-
  kurve

$$a_i = e^{-\frac{\varepsilon_i^2}{\sigma^2}}$$

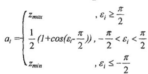

σ: vorgegebene Varianz

Stochastische
Funktionen $\qquad$ komplexere Funktionen wie z.B. die Boltzmann-Lernfunktion (auf Basis des Simulated Annealing), auf die hier nicht näher eingegangen werden soll

Abb. 5: $\qquad$ Verschiedene Aktivierungsfunktionen[60]

---

[60] Eigene Darstellung, unter Verwendung von: Andlinger (1992), S. 13, Brause (1995), S. 45-49,
Bishop (1995), S. 126-127, Fausset (1994), 293-316, Hamilton (1993), S. 108-109,
Hoffmann (1993), S. 21-27, Hoffmann (1994), S. 120, Simpson (1992) in: Sanchez/ Lau (1992),
S. 7-8, Sauerburger (1991), S. 14.

2.2. Netztopologie

Zur Charakterisierung eines KNN gehören neben der Beschaffenheit einzelner Neuronen auch ihre Anzahl, Verbindungsstruktur und ihre Anordnung im Netz. Diese Kriterien werden unter der Bezeichnung Netzarchitektur oder Topologie zusammengefaßt.[61]

Während die Anzahl der Neuronen lediglich die Netzgröße festlegt, lassen sich KNN anhand der Verbindungsstruktur (feed-forward versus feed-back) sowie der Anzahl der Schichten (eine Ebene: autoassoziativ, mehrere Ebenen: heteroassoziativ) klassifizieren. Daneben ist auch eine Einteilung nach der zu leistenden Aufgabe in funktionsoptimierende oder funktionsbildende Netze möglich.[62] Eine Übersicht über ausgewählte Netztypen gibt Abbildung 7.

Die folgenden Ausführungen beschränken sich auf geschichtete (feed-forward) Netze (vgl. Abb. 6), da diese für den vorliegenden Einsatzbereich hauptsächlich interessant sind.[63] Die hier betrachteten geschichteten Netze zeichnen sich durch eine Ein- und Ausgabeschicht sowie einer oder mehrerer Zwischenschichten (hidden layers) aus. Der Informationsfluß ist ausschließlich vorwärts gerichtet und weist keine Rückkopplungen auf wie bei ungeschichteten Netzen.[64]

Ein einfaches vorwärtsgekoppeltes Netz könnte z.B. wie folgt aussehen:

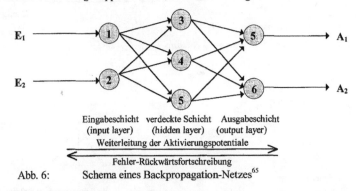

Eingabeschicht   verdeckte Schicht   Ausgabeschicht
(input layer)   (hidden layer)   (output layer)
Weiterleitung der Aktivierungspotentiale
Fehler-Rückwärtsfortschreibung

Abb. 6:   Schema eines Backpropagation-Netzes[65]

---

[61] Vgl. Corsten/ May (1994), S. 4.
[62] Vgl. May (1995), S. 2. Weitere Klassifizierungskriterien finden sich z.B. in Grauel (1992), S. 24-27 und in den Quellen zur Abbildung ausgewählter Netztypen.
[63] Zur Begründung der Auswahl dieses Netztyps siehe Abschnitt V.2.3.
[64] Vgl. Corsten/ May (1994), S. 3.
Eine mathematische Definition von *feed-forward* gibt z.B. Brause (1991), S. 53: „Angenommen, es liege ein Netz von Einheiten (Mengen von Neuronen) vor, die [...] einen gerichteten Graphen bilden. Das Netz wird genau dann als *feed-forward* Netz bezeichnet, wenn der gerichtete Graph *zyklenfrei* ist."
[65] Eigene Darstellung, in Anlehnung an: Caudill/ Butler (1992), S. 174.

Netztyp	Autor	Topologie	Lernregel	Eigenschaften	Besonderheiten
einschichtiges Perceptron	1943: Warren McCulloch, Walter Pitts		Hebb-Regel (Hebb, 1949) oder Perceptron-Algorithmus (Rosenblatt, 1960)	unüberwacht	- nur Eingabe- und Ausgabeschicht möglich - nur Binärdaten verarbeitbar - linearer Assoziator
Adaline-Perceptron	1960: Ted Hoff, Bernard Widrow		delta-Lernregel (Hoff, Widrow)	überwacht, reinforcement	- Erweiterung des Perceptrons: zusätzliche Zwischenschicht, die aber genausoviele Neuronen wie die Ausgabeschicht haben muß
Madaline-Perceptron	1960: Ted Hoff, Bernard Widrow		delta-Lernregel (Hoff, Widrow)	überwacht, korrigierend	- es sind auch weniger Ausgabeneuronen möglich - Restriktion der linearen Teilbarkeit entfällt
mehrschichtiges Perceptron (MLP)	1985: David Rumelhart, Geoffrey Hinton		Backpropagation (verallgemeinerte delta-Regel)	überwacht, korrigierend	- Verarbeitung stetiger Ein-/ Ausgabedaten möglich - auch mehrere interne (verdeckte) Schichten möglich - Schichten sind vollständig verbunden - Fehlerrückwärtsfortschreibung
Elman-Netz	1991: Elman			überwacht, korrigierend	- wie Perceptron, aber zusätzlich Repräsentation der Zeit durch eine sog. Kontextschicht - Kontext bedeutet hier die zeitliche Reihenfolge der Inputmuster - Kontextschicht stellt eine Art Arbeitsspeicher dar
Hopfield-Netz	1982: John Hopfield		Hopfield-Lernen (Barto, Sutton, 1981)	überwacht, reinforcement	- eine einzige Schicht - jedes Neuron ist mit allen anderen verbunden - bidirektionale Signalverarbeitung - zeitdiskretes Hopfield-Netz
Boltzmann-Netz	1985: Ackley, Hinton, Sejnowski		Simulated Annealing	überwacht, stochastisch	
Kohonen-Netz (selbstorganisierende Eigenschaftskarten)	1982: Teuvo Kohonen		Kohonen-Lernen	unüberwacht, competitive	- Selbstorganisation - jedes Neuron der Inputschicht ist mit jedem der Kohonen-Schicht verbunden
Counterpropagation	1987: Hecht-Nielsen		Kohonen-Schicht: Kohonen-L. Grossberg-Schicht: delta-Regel	unüberwacht, competitive überwacht, korrigierend	- kombiniert Kohonen-Netz mit Perceptron-Ausgabeschicht (Grossberg-Outstar-Schicht)
Adaptive-Resonanz-Theorie (ART)	Grossberg		Wettbewerbslernen	unüberwacht, competitive	- bidirektionale Signalverarbeitung (Rückkopplung)
Bidirectional Associative Memory (BAM)	1987: Bart Kosko		Hopfield-Variante	unüberwacht	- bidirektionale Signalverarbeitung (Rückkopplung)

Abb. 7:   Übersicht über ausgewählte Netztypen[66]

---

[66] Eigene Darstellung, unter Verwendung der Systematiken in: Braun/ Feulner/ Malaka (1995), Hamilton (1995), S. 119, Hecht-Nielsen (1989), Hoffmann (1993), S. 114-115, Lohrbach (1994), S. 48-73, Palm/ Glünder (1995) in: Dorffner (1995), S. 15, Pietruska (1994), S. 32, Rehkugler/ Kerling (1995), S. 314, Rigoll (1994), S. 82-84, Rittinghaus-Mayer (1993), S. 107-108, Schöneburg et al. (1990), S. 75, Simpson (1992) in: Sanchez-Sinecio/ Lau (1992), S. 22.

Die in Abbildung 6 dargestellte Fehlerrückwärtsfortschreibung ist ein zusätzliches Charakteristikum eines Backpropagation-Netzes, das speziell für Multilayer-Perceptrons (MLP) mit drei und mehr Schichten adaptiert ist. Sie ist Bestandteil der in Abschnitt III.2.3. näher erläuterten Lernregel Error-Backpropagation (Fehlerrückführung).

2.3. Lernen in Künstlichen neuronalen Netzen

Um ein KNN in der Praxis einsetzen zu können, muß es nach der Spezifizierung der Komponenten und seiner Architektur mit Beispieldaten trainiert werden. Dieses Training kann - je nach Netztyp - nach einer bestimmten Lernregel erfolgen. Lernen wird dabei „als generieren und modifizieren von Gewichten"[67] verstanden. Letztlich sind alle Lernverfahren sog. Hill-Climbing-Algorithmen (s. Abb. 8). Diese Algorithmen haben den Nachteil, daß sie als Heuristiken immer nur bessere Lösungen als die Ausgangslösung garantieren können, oft aber in lokalen Minima „steckenbleiben".[68]

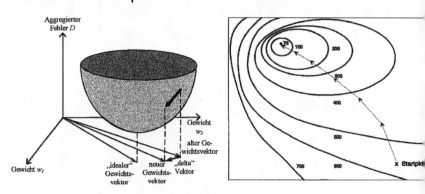

Abb. 8:   Der Gradientenabstieg als Beispiel eines inversen Hill-Climbing-Algorithmus[69]

Generell läßt sich zwischen überwachtem und unüberwachtem Lernen unterscheiden:

Zu verschiedenen Formen der Hebb-Regel s. Nachbar (1995), S. 8.
Erläuterungen zur Abbildung: In den Topologieschemata befindet sich i.d.R. oben der Input und unten der Output. Für diese Arbeit sind besonders die Netzformen des ersten Teils interessant. Die Netztypen unterhalb der ersten Trennlinie bilden eine Auswahl grundlegend anderer Netztypen als das Perceptron- und das Backpropagation-Netz. Die Netze unterhalb der zweiten Trennlinie sind zudem rückgekoppelt.
[67] Schmitt (1996), S. 18.
[68] Vgl. Dorffner (1991), S. 124 und Faißt (1993), S. 220.
Vgl. zu diesem Problem auch Abschnitt V.2.5.
[69] Linke Darstellung übersetzt aus: Caudill/ Butler (1992), S. 177, rechte Darstellung aus Krause (1993), S. 54.

18

„überwacht	Ein Lernalgorithmus eines konnektionistischen Modells heißt *überwacht*, wenn die Qualität der Ausgabe des Netzes an einem Lernziel gemessen werden kann.
unüberwacht	Ein Lernalgorithmus eines konnektionistischen Modells heißt *unüberwacht*, wenn strukturelle Eigenschaften der Eingabemenge benutzt werden (Regelmäßigkeiten, Häufigkeiten, Ähnlichkeiten), um Änderungen der Netzgewichte vorzunehmen."[70]

Eine Zuordnung der Lernverfahren gibt Abbildung 9. Zu beachten ist, daß die Zuordnungen je nach Autor leicht differieren; inbesondere die Einordnung des stochastischen Lernens ist umstritten.

Bei der vorliegenden Problemstellung soll ein funktionaler Zusammenhang zwischen Input und Output abgebildet werden. Für diesen Zweck ist besonders das überwachte Lernen von Interesse.[71] Die Wahl fällt dabei auf den Backpropagation-Algorithmus, da dieser die Probleme der älteren Perceptron-Lernregeln lösen kann.[72]

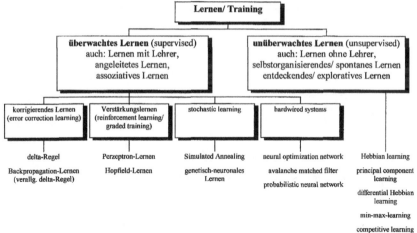

Abb. 9:   Strukturierung einiger Lernverfahren für KNN[73]

---

[70] Albit GmbH (1993), S. 23. Der Begriff „Konnektionistisches Modell" ist synonym mit KNN. Vgl. auch Sink (1992), S. 33.

[71] Vgl. zu dieser Wahl Abschnitt V.2.3.

[72] Insbesondere ist es dabei nicht nötig, daß die Lerndaten linear separabel sein müssen. Zwei Mengen von Punkten sind linear separabel, wenn ihre konvexen Hüllen disjunkt sind. Das XOR-Problem, das Ansatzpunkt der Perceptron-Kritik von Minsky und Papert (1969) war, ist nicht linear separabel. Dieses Problem konnte in einem dreischichtigen Netz erstmals repräsentiert werden (vgl. Rieger (o.J.), S. 32-33).

[73] Eigene Darstellung unter Verwendung der Systematisierungen in: Azoff (1994), S. 3-4, Hecht-Nielsen (1989), S. 48-50, Rojas (1993), S. 74-75,

Der Grundgedanke des Backpropagation-Algorithmus ist, zur Bestimmung der Gewichtsänderungen nach der Vorwärtspropagierung der Aktivierungen für einen Eingangsvektor anhand des vorgegebenen Ausgangsvektors eine Rückwärtspropagierung des Fehlers vorzunehmen. Mittels der Korrekturinformationen für jedes Neuron werden schließlich die Gewichte modifiziert. Eine detaillierte Übersicht über den Ablauf dieser Prozedur gibt Abbildung 10.

Der aggregierte Gesamtfehler wird anhand folgender Kostenfunktion D ermittelt, die die Summe der quadrierten Abweichungen von Soll- und Istausgaben über alle Trainingsdatensätze π und alle Netzausgänge ν berechnet:[74]

$$D = \frac{1}{2} \sum_{\pi=1}^{P} \sum_{\nu=1}^{N_A} \left(A_\nu^\pi - S_\nu^\pi \right)^2$$

„Die Netzausgänge A_ν^π hängen von den Netzeingängen E_ν^π und von den Gewichten ab; da die E_ν^π und die S_ν^π vorgegeben sind, ist D eine Funktion der Gewichte. Daher läßt sich die Kostenfunktion „anschaulich" als ein „Gebirge" über dem hochdimensionalen Gewichtsraum vorstellen."[75] Mittels Gradientenabstieg wird das Minimum dieser Funktion der kleinsten Quadrate ermittelt, wobei das Erreichen eines absoluten Minimums nicht gewährleistet ist.[76]

Die Gewichtsänderung Δw_{ij} wird schließlich für jedes Neuron i anhand der Backpropagation-Regel (verallgemeinerte delta-Regel) vorgenommen:[77]

$$\Delta w_{ij} = \eta \cdot \delta_i \cdot e_j$$

η gibt die Lernrate an, e_j den Eingang j des Neurons i und δ_i bezeichnet das Fehlermaß, das die Abweichung des Ist-Zustandes des Neurons von seinem Soll-Zustand ausdrückt.

Simpson (1992) in: Sanchez/ Lau (1992), S. 12-13, Schöneburg et al. (1990), S. 29.
Es sind auch andere Strukturierungen möglich (vgl. z.B. Lohrbach (1994), S. 31-42 oder Kopecz (1994), S. 79).
Eine Übersicht über die Mathematik wichtiger Lernregeln gibt Hassoun (1995), S. 127-133.
[74] Vgl. Andlinger (1992), S. 24, Bauer (1991), S. 15, Blien/ Lindner (1993), S. 506, Brause (1995), S. 241. Der verwendete Faktor vor der Summe differiert je nach Autor. Hecht-Nielsen (1989), S. 130, verwendet z.B. statt 0,5 den Faktor 1/N. Mathematisch ist der Faktor nicht relevant, da er die Fehlerkurve lediglich staucht bzw. streckt.
[75] Hoffmann (1993), S. 62; die Variablen wurden der hiesigen Notation angepaßt.
[76] Zur Mathematik des Gradientenabstiegs s. z.B. Lawrence (1992), S. 217-222.
[77] Vgl. Blien/ Lindner (1993), S. 506 und Hoffmann (1993), S. 86. Die Differenzierung zur Berechnung des δ für Neuronen der Zwischen- und der Ausgabeschicht erläutert z.B. Brause (1995), S. 243.

1. Initialisierung	ordne allen Gewichten niedrige, von 0 und voneinander verschiedene Zufallszahlen zu (z.B.: $w_{ij} \in [-0,2; 0,2]$);

2. Training	führe folgende Schritte für alle Beispiele der Trainingsmenge durch:
	wähle nacheinander oder zufällig ein Eingabemuster (Vektor) mit dem zugehörigen Soll-Ausgabemuster (Vektor) aus;

	schrittweise Vorwärtspropagierung eines Eingabemusters	lege das Eingabemuster an die Neuronen der Eingabeschicht an;
		berechne schrittweise die Aktivierungen der Neuronen in der/ den verdeckten Schicht(en);
		berechne die Aktivierungen der Neuronen in der Ausgabeschicht;
	schrittweise Rückwärtspropagierung des Fehlers	lege die Sollausgabe an die Neuronen der Ausgabeschicht an;
		ermittle die Fehlerkorrekturwerte für die Neuronen in der Ausgabeschicht;
		ermittle schrittweise rückwärts die Fehlerkorrekturwerte für die Neuronen in der/ den verdeckten Schicht(en);
	Korrektur der Gewichte	berechne anhand der ermittelten Korrekturinformationen die Änderung der Verbindungsgewichte entsprechend der allgemeinen delta-Regel;
		ändere die Gewichte der jeweiligen Neuronen;
	fahre fort mit nächstem Trainingsmuster bis gesamte Trainingsmenge einmal durchlaufen;	

3. Iteration	wiederhole 2. solange bis Abbruchkriterium erfüllt
	Abbruchkriterium: die Gewichte konvergieren
	oder
	maximale Anzahl der Iterationsschritte erreicht

Abb. 10: Der Backpropagation-Algorithmus[78]

---

[78] Eigene Darstellung, unter Verwendung der Schemata in: Bishop (1995), S. 144, Caudill/ Butler (1992), S. 178-179, Fausset (1994), S. 294-296, Kinnebrock (1992), S. 41, Mechler (1995), S. 72-73, Rieger (o.J.), S. 36-37, Rittinghaus-Mayer (1993), S. 95-96, Speckmann (1996), S. 13, Zhang (1992), S. 69-70.
Die Anpassung der Gewichte kann nach jedem Musterpaar (online) oder nach einem kompletten Durchlauf aller Trainingsmuster (offline), d.h. nach einem vollständigen Iterationsschritt erfolgen (vgl. Cichoki/ Unbehauen (1993), S. 133-136 und Zhang (1992), S. 68-71).

Die Lernrate η gibt die „Schrittweite" an, mit der die Gewichte verändert werden.[79] Eine zu große Wahl dieses Parameters führt zu starken Sprüngen auf dem Fehlergebirge, so daß ein Herausspringen aus guten Lösungstälern in schlechtere möglich ist. Auf der anderen Seite kann eine zu kleine Wahl u.U. eine unakzeptable Verlängerung der Trainingszeit mit sich bringen. Auf die Problematik der Justierung der Lernrate geht Abschnitt V.2.5. ausführlicher ein.

Bei dem in Abbildung 8 dargestellten Gradientenabstieg kann man die Bewegungsrichtung des letzten Vektors als Impuls mit in die Berechung des neuen Gewichtsvektors einfließen lassen.[80] Diese Erweiterung der Backpropagation-Regel wird als Momentum μ bezeichnet. Die Änderung der Gewichte erfolgt somit nach folgender Gleichung:

$$\Delta w_{ij} = \eta \cdot \delta_i^\nu \cdot e_j^\nu + \mu \cdot \Delta w_{ij}^{alt} \qquad \text{mit } \mu \in [0;1[$$

In bestimmten Situationen kann das Momentum helfen, den Gradientenabstieg nicht in einem zu schlechten lokalen Minimum im Fehlergebirge enden zu lassen. Aber auch dieser Parameter führt nicht zwingend zum globalen Minimum.

---

[79] Vgl. Zell (1994), S. 110-113.
[80] Zum Momentum vgl. Braun/ Feulner/ Malaka (1995), S. 13, Caudill/ Butler (1992), S. 197-211, Henseler (1995), S. 50, Mechler (1995), S. 76 sowie Rojas (1993), S. 169-171.

3. Die Verbindung neuronaler Netze mit genetischen Algorithmen

In Anlehnung an das natürliche Vorbild „Gehirn" lassen sich für die Konstruktion und Optimierung[81] neuronaler Netze genetische Algorithmen (GA) nutzbar machen.[82] Ansatzpunkt hierfür ist sowohl die Topologie als auch die Parameter (d.h. Gewichte) eines KNN.[83] Ein Einsatz evolutionärer Algorithmen zu diesem Zweck läßt sich damit rechtfertigen, daß das Optimierungsproblem für mehrschichtige vorwärtsgerichtete neuronale Netze wie dem Multilayer-Perceptron (MLP) nicht effizient lösbar ist und somit Heuristiken nötig werden.[84] Folgt man dem Vorbild Natur, so optimiert Evolution generell die Grobstruktur des Phänotyps, Lernen realisiert die Feinanpassung.[85] Übertragen auf KNN heißt dies: Evolution optimiert die Topologie (Anzahl verborgener Schichten sowie deren Größe und Verbindungsanzahl); Lernen optimiert die Feinstruktur, ermittelt also die optimalen Gewichte bei gegebener Topologie. Abbildung 11 gibt eine Übersicht über diese Einteilung.

Optimierungsproblem	Typ	Vorbild Natur	Standardverfahren
Topologie	diskret	Evolution	Intuition
Parameter	kontinuierlich	Lernen	Gradientenabstieg

Abb. 11:   Klassifizierung der Optimierungsprobleme neuronaler Netze[86]

Für die Optimierung der Gewichte sind evolutionäre Algorithmen nur bedingt geeignet, da sie nach der trial-and-error-Methode arbeiten. Der Gradientenabstieg ist in der Feinoptimierungsphase wesentlich effizienter.[87] Vor allem flache Topologien lassen sich „erfahrungsgemäß besser durch Gradientenabstieg optimieren"[88]. Ist der Gradient nicht

---

[81] Der Begriff „Optimierung" wird im folgenden nicht im mathematischen Sinne des Auffindens der besten Lösung verstanden, sondern bezeichnet die Suche nach besseren Lösungen als der Ausgangslösung, die nicht notwendigerweise die beste Lösung für ein spezifisches Problem darstellen muß. Es handelt sich hier also lediglich um eine Heuristik.

[82] Neben GA können zu diesem Zweck auch andere Heuristiken wie z.B. Ant Colony Optimization zum Einsatz kommen (vgl. Dorigo (1997)), die das Verhalten von Ameisenkolonien nachbilden.

[83] Vgl. Brause (1995), S. 405-407 und Braun/ Ragg (1996a), S. 209. Eine gute Übersicht über die Einsatzbereiche von GA i.V.m. KNN mit weiterführenden Literaturhinweisen geben Vogel (1995) in: Dorffner (1995), S. 19-36 und Hassoun (1995), S. 452-454. S. auch Michel/ Biondi (1995) in: Pearson/ Steele/ Albrecht (1995), S. 80-83 sowie Yip/ Pao (1995) in: Pearson/ Steele/ Albrecht (1995), S. 88-91.

[84] Vgl. Braun/ Ragg (1996a), S. 209.

[85] Vgl. Braun/ Ragg (1996a), S. 210.

[86] Aus: Braun/ Ragg (1996a), S. 210.

[87] Vgl. Braun/ Ragg (1996a), S. 215. Es gibt aber auch Ansätze wie die „GA-delta-technique", die die Vorteile beider Verfahren zu kombinieren versuchen (vgl. Munro (1993) in: Albrecht/ Reeves/ Steele (1993), S. 628-634). Eine Evolution des Backpropagation-Lernalgorithmus ist ebenso möglich (vgl. Müller (1995), S. 185-190).

[88] Braun/ Ragg (1996a), S. 213.

oder nur schwer ermittelbar wie bei rekurrenten Netzwerken, ist Evolution u.U. eine geeignete Alternative.

Bei dem schwierigen Problem der Topologieoptimierung können GA jedoch helfen, eine zeitaufwendige trial-and-error-Suche zu automatisieren.[89] Problematisch ist hier allerdings die Bewertung der jeweiligen Topologie. Dazu ist ein hoher Zeitaufwand nötig, da für jede neue Topologie die Gewichte erst gelernt werden müssen, bevor ihre Fitness beurteilt werden kann. Ein Ansatz zur Beschleunigung dieses Vorgangs ist das gleichzeitige Optimieren der Lernparameter.[90] Ein früher Abbruch des Lernens, d.h. kein vollständiges Eintrainieren der Netze, ist zur Auswahl erfolgversprechender Netze zusätzlich möglich.[91] Die beiden genannten Ebenen der Optimierung sind nicht unabhängig voneinander: Der Gesamtprozeß ist ein zweistufiges Optimierungsproblem, wie Abbildung 12 veranschaulicht.

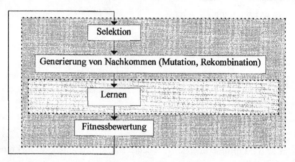

Abb. 12:   Zyklus für die Evolution neuronaler Netze[92]

Bei diesem Prozeß werden aus einer Menge von Netzen zwei „Elternnetze" selektiert, die - ggf. nach einer Mutation - durch Rekombination „Nachkommen" erzeugen. Diese Nachkommen werden nach ihrer Lernphase in ihrer „Fitness" bewertet, um anschließend die am besten geeigneten Netze auswählen zu können.

Für die Durchführung des grob skizzierten Optimierungsprozesses stellt sich zunächst die Frage nach der Repräsentation eines neuronalen Netzes. Am sinnvollsten erscheint hier

---

[89]   Vgl. Braun/ Ragg (1996a), S. 215.
[90]   Vgl. Braun/ Ragg (1996a), S. 216.
       Ähnliche Ansätze diskutieren Mandischer (1993) in: Albrecht/ Reeves/ Steele (1993), S. 643-649 und Schiffmann/ Joost/ Werner (1993) in: Albrecht/ Reeves/ Steele (1993), S. 675-682.
       Zusätzlich können auch die dem KNN präsentierten Trainingsmuster von GA für jeden Lerndurchgang modifiziert werden (vgl. Zhang (1992), S. 50-60).
[91]   Vgl. Braun/ Ragg (1996a), S. 220.
[92]   In Anlehnung an: Braun/ Ragg (1996a), S. 211.
       Zur Implementierung dieses Evolutionszyklusses siehe z.B. Braun/ Ragg (1996b).

die Kodierung der vollständigen Information der Gewichtsmatrix und der Topologie des Netzes.[93]

Ohne im folgenden zu detailliert auf die Theorie von GA eingehen zu wollen[94], sollen einige in diesem Zusammenhang wichtige Aspekte von GA angesprochen werden. Dabei steht die Generierung von Nachkommen im Vordergrund. Die Mutation hat in Verbindung mit KNN eher untergeordnete Bedeutung.[95] Für die Rekombination läßt sich ein Vorgang nutzen, der in dieser Gestalt in der Natur nicht vorkommt: Lamarckismus. Dieser bezeichnet die gezielte Vererbung von Eigenschaften eines Elternnetzes auf seine Nachkommen.[96] Einen sehr wichtigen Aspekt stellt das Permutationsproblem dar: Bei der Rekombination (z. B. Crossover), durch die bei GA hauptsächlich die Nachkommen erzeugt werden, ist es wesentlich, überlebensfähige Nachkommen zu erzeugen. Dabei „müssen die eingefügten Teilsequenzen des anderen Elternteils einigermaßen die Funktion der ersetzten Teilsequenzen ersetzen"[97]. Es dürfen folglich nur ähnliche Neuronen, d.h. Neuronen der gleichen Schicht mit ähnlichen Verbindungsgewichten, ausgetauscht werden.[98] Die Fitnesbewertung erfolgt anhand der für optimale KNN wesentlichen Parameter: Größe und Generalisierungsfähigkeit des Netzes.[99] Die Generalisierungsfähigkeit kann z.B. auf einer Stichprobe (auch Crossvalidierungsmenge) gemessen werden, um die Gefahr des overfitting-Effekts, d.h. einer zu starken Spezialisierung auf Charakteristika der Trainingsmenge zu verringern.[100] Bei „einigermaßen gleichmäßiger Gewichtung der Netzgröße, des Fehlers auf der Lernmenge und auf der Crossvalidierungsmenge ist nur ein geringer *overfitting*-Effekt zu erwarten"[101].

Bei der Anwendung von GA zur Minimierung von Multilayer Perceptrons (MLP) ergeben sich aus der zielgerichteten Minimierung der Topologie folgende Vorteile:[102]

---

[93] Es sind aber auch andere Arten der Repräsentation denkbar. Dabei wird unterschieden zwischen starker und schwacher Repräsentation (vgl. Braun/ Ragg (1996a), S. 214).
Siehe auch Roberts/ Turega (1995) in: Pearson/ Steele/ Albrecht (1995), S. 96-99.

[94] Zum theoretischen Hintergrund samt historischem Rückblick sei auf die in Braun/ Ragg (1996a), S. 214 angegebenen Quellen verwiesen. Besonders seit 1989 fand eine sprunghafte Zunahme der Arbeiten auf diesem Gebiet statt.

[95] Vgl. Braun/ Ragg (1996a), S. 216 ff.

[96] Dieser Vorgang kann so in der Natur nicht vorkommen, da man festgestellt hat, daß die Informationsmenge, die zur Kodierung des menschlichen Gehirns mit allen seinen Synapsen und Gewichten nötig wäre, die Speicherkapazität des menschlichen Erbguts DNS um mehrere Größenordnungen übersteigt (vgl. Braun/ Ragg (1996a), S. 211; Lindenmair (1995), S. 11).

[97] Braun/ Ragg (1996a), S. 215.

[98] Vgl. Braun/ Ragg (1996a), S. 220. Eine Übersicht über die verschiedenen Austauschstrategien geben Braun/ Ragg (1996a), S. 215.

[99] Vgl. Braun/ Ragg (1996a), S. 226.

[100] Vgl. auch Abschnitt V.2.2.

[101] Braun/ Ragg (1996a), S. 226.

[102] Braun/ Ragg (1996a), S. 225.

- drastische Reduzierung der Netzgröße,
- Eliminierung redundanter Eingabeinformationen und
- Verbesserung der Generalisierungsfähigkeit.

Generell ergeben sich daraus für den Anwender indirekt auch weitere Vorteile:[103]
- relevante Eingabeinformationen können identifiziert werden,
- das Netz weist eine bessere Generalisierungsfähigkeit auf, und
- das Verständnis der Funktionsweise des Netzes kann verbessert werden.

Zusammenfassend ist festzustellen, daß GA einen Teil der Konstruktion von KNN, wie sie in Abschnitt V.2. schematisch dargestellt ist, automatisieren und effizienter gestalten können.

---

[103] Vgl. Braun/ Ragg (1996a), S.228.

IV. Modellzyklen im deutschen Automobilmarkt

Für die Analyse modellspezifischer Absatzverläufe auf dem deutschen Automobilmarkt bietet sich eine nähere Untersuchung der Modellzyklusverläufe an. Zunächst wird dazu kurz das Konzept des Produktlebenszyklus vorgestellt, das den theoretischen Hintergrund auch für die Modellzyklusanalyse liefert. Der zweite Abschnitt dieses Kapitels prüft die Gültigkeit dieses Konzeptes für die Praxis anhand der vorliegenden empirischen Daten.

1. Das theoretische Konzept

1.1. Vom Produktlebenszyklus zum Modellzyklus

„Der Markt eines Herstellers hängt neben der Effizienz des Fertigungsprozesses und der Leistungsfähigkeit des Händler- und Kundendienstnetzes v.a. von der Modellpolitik ab."[104] Aus diesem Grund kommt der näheren Betrachtung von Modellen bzw. spezifischen Produkten eine wichtige Bedeutung zu. Da Produkte eine begrenzte Lebensdauer haben und während ihres Lebens verschiedene Phasen durchlaufen[105], ist eine theoretisch fundierte Untersuchung dieser Stadien im Produktleben sinnvoll. Hierzu bietet das Konzept des Produktlebenszyklus (PLZ) Ansatzpunkte, auf die im folgenden näher eingegangen wird.

Das PLZ-Konzept stellt ein zeitbezogenes Marktreaktionsmodell dar.[106] Es besagt grundsätzlich, daß jedes Produkt verschiedene Phasen durchläuft, während es zunächst steigende, danach sinkende Grenzumsätze aufweist.[107] Die Existenz eines Phasendurchlaufs wird von den wenigsten Autoren in Frage gestellt.[108] Die Anzahl dieser Phasen variiert je nach Autor zwischen drei und sechs.[109] Gängig ist ein Vier-Phasen-Modell mit den Phasen Introduction, Growth, Maturity und Decline.[110] Ein Fünf-Phasen-Modell (Einführung, Wachstum, Reife, Sättigung, Abstieg), wie es beispielsweise Meffert vorschlägt, ist jedoch in diesem Fall wegen der detaillierteren Aufteilung in den Bereichen des Umsatzrückgangs besser operationalisierbar, und wird daher kurz vorgestellt.[111]

---

[104] Diekmann (1984), S. 78.
[105] Vgl. Meffert (1991), S. 369.
[106] Vgl. Meffert (1991), S. 389 und Polli/ Cook (1969), S. 388.
[107] Vgl. Meffert (1991), S. 389.
[108] So auch: Polli/ Cook (1969), S. 388: „sales follow a consistent sequence of stages".
[109] Vgl. Höft (1992), S. 17.
[110] Vgl. z.B. Cox (1967), S. 375.
[111] Vgl. Meffert (1991), S. 62.

Das PLZ-Modell beschreibt die Entwicklung eines Produktes, die z.B. in der Größe „Umsatz über die Zeit" gemessen werden kann.[112] Als idealtypisches Verlaufsmuster ergibt sich dabei eine Glockenkurve.[113]

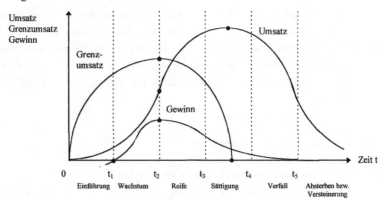

Abb. 13:   Allgemeines Produktlebenszyklusschema[114]

Die ersten fünf Phasen des Modells definieren sich über den Verlauf von Grenzumsatz und Gewinnkurve. In t_1 befindet sich der break-even-point, an dem die Gewinnzone erreicht wird. Zum Zeitpunkt t_2 erreicht der Gewinn sein Maximum und die Zuwachsrate des Umsatzes ebenso, so daß sich hier der Wendepunkt der Umsatzkurve befindet. t_3 und t_4 umschließen den Bereich um das Umsatzmaximum. Über t_5 macht Meffert keine näheren Angaben und geht auch nicht näher auf die sechste Phase „Absterben bzw. Versteinerung" ein, die er offensichtlich mit in die fünfte Phase integriert.

Dieses Modell gibt einen Idealverlauf der Umsatzkurve wieder, der in Abschnitt IV.2. automobiltypisch zu modifizieren sein wird.

Als problematisch wird bei dieser Betrachtungsweise oft die Definition und Festlegung eines geeigneten Aggregationsniveaus angesehen.[115] Autoren wie beispielsweise Meffert vertreten die Auffassung, daß das Lebenszykluskonzept auf möglichst hoher Aggregationsebene (z.B. Produktgruppen, Hersteller) angewendet werden sollte.[116] Dagegen kommen bereits Polli und Cook zu dem Schluß: „Contrary to what the aggregate findings show, we found that whenever a market was partitioned in sufficient detail, the

---

[112] Vgl. Cox (1967), S. 375 und Höft (1992), S. 23.
[113] Vgl Höft (1992), S. 21.
[114] In Anlehnung an: Meffert (1991), S. 371.
[115] Vgl. Höft (1992), S. 27.
[116] Vgl. Meffert (1991), S. 62.

consistency between sales behaviour of product forms and the life cycle model was usually quite good."[117] Unter Voraussetzung eines sinnvollen Einsatzes des PLZ-Konzeptes auf niedriger Aggregationsebene überträgt Diez dieses Konzept auf einzelne Modelle: „Als ein PLZ-Modell mit niedrigem Aggregationsniveau auf unternehmensindividueller Ebene können die sog. Modellzyklen aufgefaßt werden, die z.B. bei produktpolitischen Entscheidungen relevant sind."[118] Dieses Begriffsverständnis, das Modellzyklen (MZ) als Äquivalent zu Produktlebenszyklen auffaßt, wird im folgenden zugrundegelegt.

Es gibt erweiterte Ansätze, die nicht nur die oben genannten Phasen des Marktzyklus einbeziehen, sondern einem Produkt mehrere Zyklen zuordnen[119]: Pfeiffer/ Bischof unterscheiden drei Zyklen: Zunächst einen Beobachtungszyklus, gefolgt vom Entstehungszyklus des Produktes und als drittes erst den Marktzyklus, der dem üblichen PLZ entspricht. Die der Markteinführung vorangehenden Phasen sollen hier jedoch nicht weiter untersucht werden.

Dem Faktor Zeit kommt im Modell des PLZ eine wesentliche Rolle zu: Zeit wird zur stellvertretenden Größe, die letztlich alle auf den Verlauf wirkenden Einflüsse repräsentiert.[120] Oft wird das PLZ-Konzept deswegen als rein qualitatives Konzept angesehen. Verschiedene Autoren haben jedoch gezeigt, daß auch eine Quantifizierung möglich ist.[121] Ansätze für eine solche Quantifizierung werden in Abschnitt IV.2. aufgezeigt.

---

[117] Polli/ Cook (1969), S. 399.
[118] Vgl. Höft (1992), S. 27.
[119] Vgl. Höft (1992), S. 53.
[120] Vgl. Höft (1992), S. 31.
[121] Vgl. Cox (1967), S. 375. Vgl. exemplarisch die Untersuchungen von Polli/ Cook (1969), S. 388, zu ihrem „operational model of the product life cycle".

1.2. Zur Abgrenzung von Modellzyklen

Zur Identifikation von Modellzyklen ist es notwendig, den Begriff eines „Produktlebens" genau abzugrenzen: „product life be carefully defined and measured".[122] Bei Cox erfolgt diese Definition über „commercial life" als „period between commercial birth and commercial death".[123] In bezug auf PKW-Modelle gestaltet sich eine Abgrenzung der Modellzyklen nach dieser Definition als schwierig, „weil Übergänge zwischen Facelift und Modellwechsel fließend sind".[124]

Ein in diesem Zusammenhang besser anwendbares Kriterium ist der Innovationsbegriff. „The characteristic life cycle curve [...] finds strong theoretical support in Rogers's theory of the diffusion and adoption of innovations".[125] Höft zufolge kommt für die Frage, „wann ein Produkt als „neu" bzw. „innovativ" gilt und wann ein neuer Produktlebenszyklus beginnt"[126], dem Innovationsbegriff eine Schlüsselrolle zu. Unter den von ihm unterschiedenen Innovationstypen ist an dieser Stelle der Begriff der *Produktinnovation* entscheidend, die Höft als „Anwendung einer neuen Technologie bzw. einer neuartigen Kombination auch von schon vorhandenen Technologien in konkreten einzelnen neuen Produkten"[127] charakterisiert. Die Frage nach einem operationalen Typologisierungskriterium zur Identifikation von Modellzyklen ist damit allerdings nach wie vor ungeklärt.

Diese Entscheidung kann anhand des Neuigkeits- bzw. Intensitätsgrades einer Produktinnovation getroffen werden.[128] „Zur Klärung des zentralen Problems, wann ein Produkt [...] als innovativ zu bezeichnen ist, eignet sich die Methode von Lutschewitz/ Kutschker am besten".[129] Lutschewitz/ Kutschker charakterisieren Innovationen anhand von drei Dimensionen: Intensität, Kontext und Zeit. Die Intensität ist abhängig von der Neuartigkeit der Problemdefinition, des Risikos, des induzierten Wandels und der Nutzungsbreite. Kontext bezieht sich auf die relevante Umwelt oder das situationale Feld der Beteiligten. Die Zeitdimension berücksichtigt, daß Innovationen immer zeit- und situationsgebunden sind. Produkte, die hohe Merkmalsausprägungen in den drei Dimensionen erreichen, stellen eine „echte" Innovation dar.[130]

---

[122] Cox (1967), S. 376.
[123] Cox (1967), S. 376.
[124] Diez (1990), S. 264.
[125] Polli/ Cook (1969), S. 386.
[126] Höft (1992), S. 6.
[127] Höft (1992), S. 7.
[128] Vgl. Höft (1992), S. 7.
[129] Höft (1992), S. 10.
[130] Vgl. Lutschewitz/ Kutschker (1977), S. 134-136.

1.3. Kritikpunkte

Die Entwicklung des PLZ-Konzeptes begann Ende der 50er Jahre. Seitdem gab es immer wieder Autoren, die den Nutzen dieses Konzeptes stark angezweifelt haben. So ist z.B. auch Meffert der Meinung, daß das Konzept lediglich beschreibender Natur ist und nur eine Erklärung und Veranschaulichung des Gesetzes des „Werdens und Vergehens" darstellt.[131] Darüberhinaus führt er vier einschränkende Gesichtspunkte des Lebenszykluskonzeptes an:

1. keine Allgemeingültigkeit,
2. keine Gesetzmäßigkeit,
3. auch von absatzpolitischen Aktivitäten beeinflußt,
4. keine eindeutigen Kriterien zur Phasenabgrenzung.

Die ersten beiden Argumente treffen eher auf höhere Aggregationsebenen als bei Modellzyklen zu. Allgemeingültigkeit ist in diesem Fall nicht notwendig, da hier nur eine Produktgruppe (PKW) betrachtet wird. Die Existenz gewisser Gesetzmäßigkeiten des MZ-Verlaufs ist in Abschnitt IV.2. zu zeigen.

Der Einfluß absatzpolitischer Aktivitäten muß - soweit er vorhanden ist - in der vorliegenden Untersuchung unberücksichtigt bleiben, da über solche Maßnahmen keine Daten verfügbar waren, so daß dieser Einfluß nicht als erklärende Variable miteinbezogen werden konnte.

Bezüglich der Phasenabgrenzung stellt sich die Frage, ob tatsächlich eine eindeutige Abgrenzung nötig und sinnvoll ist. Im Rahmen dieser Untersuchung ist eine genaue Phasenabgrenzung jedenfalls nicht intendiert. Die Phaseneinteilung dient vielmehr als Anhaltspunkt zur Identifikation der Verlaufsform der Umsatzkurve. Darüber hinaus erscheint auch Höft der Einwand der mangelnden Phasendifferenzierbarkeit nur als sehr begrenzt zutreffend.[132]

Einen weiteren wichtigen Kritikpunkt führt Höft an: Das PLZ-Modell macht keinen Unterschied, ob ein Produkt eine starke oder schwache Stellung auf dem Markt hat.[133] Dieses Problem wird durch eine problemspezifische Adaption des Modells gelöst: Die Zyklusbetrachtung erfolgt nicht über die absoluten Absatzzahlen, sondern über die relativen, d.h. über die Markt- bzw. Segmentanteile der einzelnen Modelle.[134] Damit ist ge-

---

[131] Vgl. Meffert (1991), S. 373.
[132] Vgl. Höft (1992), S. 41.
[133] Vgl. Höft (1992), S. 41.
[134] Vgl. hierzu auch Abschnitt V.2.1.

31

währleistet, daß auch die relative Position zur Konkurrenz hinreichend miteinbezogen wird.

1.4. Die Determinanten von Modellzyklen

Entscheidenden Einfluß auf den Zyklus eines Produktes haben zunächst seine eigenen Charakteristika[135], worunter sämtliche Produkteigenschaften zu verstehen sind. Darüber hinaus existieren weitere Faktoren im Umfeld eines Produktes: Höft unterscheidet hier zwischen Einflußgrößen[136]

auf der Anbieterseite:

- Charakteristika des Wettbewerbs der Hersteller untereinander,
- Charakteristika der Branche,
- verfügbare Technologie/ Technik,
- Aspekt der Substitution,

auf der Abnehmerseite:

- Merkmale des Marktes (Marktpotential, -wachstum, Marktsegmente/-nischen, Markteintrittsbarrieren usw.)

sowie allgemeinen Rahmenbedingungen:

- gesetzliche Vorschriften,
- staatliche Wirtschafts- und Strukturpolitik,
- technologische Trends,
- gesamtwirtschaftliche und gesellschaftliche Entwicklungen.

Bei den Untersuchungen in Abschnitt IV.2. soll auf die Wirkungen der Produkteigenschaften besonderer Wert gelegt werden. Die Umfeldfaktoren treten dahinter an zweite Stelle zurück.

1.5. Die Relevanz für die Automobilindustrie

Zur Anwendbarkeit des Lebenszykluskonzeptes stellen Polli und Cook fest: „the life cycle applies best to those products where sales are not significantly affected by variations in supply conditions".[137] Diese Bedingung erfüllt der deutsche Automobilmarkt als Käufermarkt sicherlich. Schon in den sechziger Jahren kommen sie zu der Bewertung, daß dieses Modell in vielen Marktsituationen anwendbar ist und ein recht ergiebiges Modell darstellt.[138]

---

[135] Eine Auflistung solcher Charakteristika findet sich z.B. bei Höft (1992), S. 34-35.
[136] Vgl. Höft (1992), S. 154-155.
[137] Polli/ Cook (1969), S. 397.
[138] Vgl. Polli/ Cook (1969), S. 399-400.

Das Konzept betrifft Kernfragen der Produktpolitik, indem es Anhaltspunkte für das Auffinden von strategischen Grundsatzentscheidungen in verschiedenen Markt-Produkt-Situationen liefert. Es gibt Hinweise, „ob, wann und in welcher Form Programmänderungen vorzunehmen sind".[139] Die Untersuchung von Lebenszyklen ist darüber hinaus ein wichtiges Instrument im Rahmen der Ausgestaltung von markt- und technologieorientierten Wettbewerbsstrategien und für ein optimales Timing eines Marktein- bzw. -austritts.[140] Lebenszyklusmodelle bilden somit einen situativen Bezugsrahmen für die Formulierung entsprechender Timing-Strategien.[141]

Im Lebenszykluskonzept spielt der Faktor Zeit eine zentrale Rolle. Aus der „Einsicht, daß unternehmerisches Handeln sich im Zeitablauf veränderten Situationen anpassen muß und Strategien entsprechend zu variieren sind"[142], entsteht ein situativer Bezugsrahmen für das Management. Das Konzept stellt ein Instrument der strategischen Planung und Analyse dar.

Besonders in der Automobilindustrie hat die Festlegung von Modellzyklen strategischen Charakter, sie bestimmt den gesamten „Lebensrythmus" eines Unternehmens.[143] Die Entscheidung über die Länge von Modellzyklen bewegt sich dabei stets im Spannungsfeld kürzerer Zyklen mit jeweils weniger „echtem" Innovationsgehalt und längeren Zyklen mit der Gefahr, sich aus dem Markt drängen zu lassen. Modellzyklusanalysen sind auch geeignet, Anregungen für Eliminierungsentscheidungen und Neueinführungen zu geben.[144]

Zur praktischen Anwendung des Konzeptes auf die Automobilbranche sollte man sich allerdings von dem Gedanken lösen, daß es nur einen idealtypischen Zyklusverlauf gibt. Es muß vielmehr Aufgabe sein, „für den jeweiligen Anwendungsfall und die jeweilige strategische Situation ein adäquates Verlaufsmuster zu finden".[145] Erst dann läßt sich sinnvollerweise der Aussage von Cox zustimmen: „The division of the product life cycle [...] makes it possible to study the characteristics of each stage."[146] Das Ziel, das für Cox hinter einer genauen Kenntnis des Zyklusverlaufes steht, ist auch das Ziel der vorliegenden Untersuchung: „Interest in the regularity of product life-cycle curves is based primarily on the potential use of these curves for forecasting purposes."[147]

---

[139] Meffert (1991), S. 268. Vgl. Meffert (1991), S. 62 und Höft (1992), S. 199.
[140] Vgl. Höft (1992), S. 199 und Cox (1967), S. 378.
[141] Vgl. Höft (1992), S. 219.
[142] Höft (1992), S. 1. Vgl. Höft (1992), S. 2-3.
[143] Vgl. Diez (1990), S. 263.
[144] Vgl. Meffert (1991), S. 369.
[145] Höft (1992), S. 2.
[146] Cox (1967), S. 378.
[147] Cox (1967), S. 384. Vgl. auch Polli/ Cook (1969), S. 400.

2. Die Entwicklungen der letzten 30 Jahre

2.1. Die Länge der Modellzyklen im deutschen Automobilmarkt

Der Vergleich der Modellaufzeiten der auf dem deutschen Markt erhältlichen PKW-Modelle liefert erste Anhaltspunkte zu Entwicklungstrends des Marktes. Abbildung 14 zeigt die Anzahl der in den verschiedenen Zeitabschnitten abgeschlossenen Modellzyklen, die in der vorliegenden Datenbasis erfaßt wurden.[148]

Bis nach 1985 zeigt sich dabei eine Verschiebung des Maximums hin zu kürzeren Laufzeiten. In den 90er Jahren differenziert sich allerdings diese Entwicklung: Es gibt zwar noch mehr Zyklen mit einer Dauer von nur rund 4 Jahren, aber das sich anschließende „Mittelfeld" ist nun stark gewachsen. Das bedeutet, daß Zyklen mit 5 - 8 Jahren Laufzeit vermehrt auftreten. Die Aussage von Diez, bei deutschen Herstellern würden Laufzeiten kleiner 5 und größer 9 Jahre allmählich verschwinden[149], muß für den gesamten deutschen Markt auf den Zeitraum 4 - 8 Jahre abgewandelt werden.

Diese Entwicklungstendenzen dürfen jedoch nicht losgelöst von der Tatsache betrachtet werden, daß die Gesamtzahl abgeschlossener Modellzyklen im gesamten Zeitraum stark gestiegen ist. Das weist auf eine enorme Differenzierung des Marktes hin. Der PKW-Käufer hat heute die Möglichkeit, aus einer viel größeren Anzahl an Modellen auszuwählen als z.B. 1970.

Die Beobachtungen sind konform mit den Ergebnissen von Diller, der bis Anfang der 90er Jahre eine zunehmende MZ-Verkürzung infolge des Technologiewettbewerbs feststellt.[150] In der Modellpolitik bieten sich die Optionen einer nachfrage- oder einer technologieorientierten Festlegung von Modellzyklen.[151]

---

[148] Eine detaillierte Vorstellung der erfaßten Daten erfolgt in Abschnitt V.1.
[149] Vgl. Diez (1990), S. 265.
[150] Vgl. M., M. (1996), S. 12.
[151] Vgl. Diez (1990), S. 268.
    Siehe hiezu auch die Problematik der Abgrenzung von MZ in Abschnitt IV.1.2.

Zykluslängen nach Jahren
Gesamt

Länge	Anzahl bis70	71 bis 75	76 bis 80	81 bis 85	86 bis 90	ohne 91 bis 96	mit lfd. MZ 91 bis 96
<1	0	0	0	0	0	0	6
1	0	0	0	1	0	0	16
2	0	1	1	0	2	1	24
3	0	0	7	9	4	6	21
4	0	0	9	16	15	22	29
5	1	7	5	6	13	16	22
6	0	4	4	3	4	19	22
7	0	4	4	6	5	12	14
8	0	3	4	3	6	18	22
9	0	0	2	5	5	4	4
10	0	1	1	0	1	6	8
11	0	1	2	4	2	7	7
12	0	1	0	3	0	3	3
13	1	1	0	3	4	2	3
14	0	2	1	4	0	1	1
15	1	1	1	1	0	2	3
>15	0	2	2	1	6	6	6
Summe	3	28	43	65	67	125	211

Durchschnitt (mit >15):	8,5	6,7	7,4	7,6	7,5	5,7	
Durchschnitt (ohne >15)	7,2	5,7	6,8	5,6	6,5	5,2	

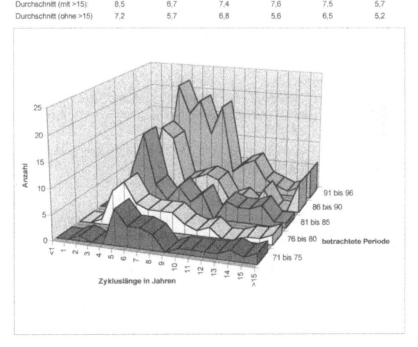

Abb. 14:   Modellzykluslänge nach Jahren

35

In der Degenerationsphase, die sich am Ende eines MZ befindet, eröffnet sich damit die Möglichkeit, neben der natürlichen Veralterung (wegen technischen Fortschritts, wirtschaftlicher Überholung sowie gesetzlicher und wirtschaftspolitischer Maßnahmen) durch neue, das alte Produkt substituierende Produkte eine künstliche Veralterung zu erzeugen.[152] Diese Strategie der aktiven Nachfrageorientierung birgt aber das Risiko der Selbstbeschleunigung der Modellwechsel. Mit dieser Verkürzung der Modellwechsel sinkt automatisch der innovative technische Inhalt der Fahrzeuge. Damit entsteht schließlich eine „Beschleunigungsfalle"[153], wie es Diller nennt.

Wie Abbildung 14 zeigt, ist dieser Trend allerdings heute rückläufig: Modelle bleiben wieder länger auf dem Markt und es bildet sich ein zunehmend „breites Mittelfeld"[154] an Modellaufzeiten, da mit einer technologieorientierten Modellstrategie sowohl sehr kurze als auch sehr lange MZ nicht vereinbar sind. Auf der anderen Seite darf aber auch die Gefahr zu langer MZ bei rein technologieorientierten Modellwechseln nicht außer acht gelassen werden.

Insgesamt gesehen läßt sich feststellen, daß sich die Modellaufzeiten deutscher Hersteller ähnlich denen der übrigen europäischen Hersteller verhalten. Asiatische (japanische und koreanische) Anbieter liegen allerdings mit durchschnittlich 4,2 Jahren deutlich darunter (vgl. Anhang B-8).

In der segmentweisen Betrachtung (siehe Anhang B-1 bis B-7) ergeben sich einige Besonderheiten:[155]

- Das Segment A00 ist geprägt von vielen sehr langen MZ.
- Im nächsthöheren Segment A0 sind kurze und lange MZ gleichermaßen vertreten.
- In den Segmenten A und B hingegen läßt sich jeweils eine Häufung im Bereich von 3-5 Jahren feststellen.
- Das Segment C ist wieder etwas breiter gefächert mit den meisten Zyklen im Bereich von 3-9 Jahren.
- Das Segment D weist ebenso eine breite Streuung auf, wobei die unteren Jahre recht schwach vertreten sind: Das Maximum liegt hier bei 8 MZ-Jahren.
- Augenfällig ist die Struktur im Segment M: Hier sind erst wenige MZ überhaupt abgeschlossen, da der erste Van erst 1983 eingeführt wurde. In diesem Segment scheint eine Bemerkung von Polli und Cook zuzutreffen: „Obviously a mature product class may offer important market opportunities to a new

---

[152] Vgl. Meffert (1991), S. 372 und Diez (1990), S. 268 - 269.
[153] M., M. (1996), S. 12.
[154] Diez (1990), S. 270.
[155] Für Einzelheiten über die Segmentierung siehe Abschnitt V.1.3.

product form with distinct product advantages".[156] Die enormen Wachtumsraten in diesem Segment belegen, daß hier eine Produktform, die besondere Produktvorteile aufweist, in einen reifen Markt eingeführt wurde.

2.2. Die Adaption des Modellzykluskonzeptes auf den Automobilbereich

Um Aussagen über die Form eines Modellzyklusses (MZ) für den deutschen PKW-Markt machen zu können, muß die in Abschnitt IV.1.1. vorgestellte Zykluskurve zunächst auf ihre Gültigkeit im Automobilbereich geprüft werden. Dazu wird im folgenden die Relevanz der potentiellen Einflußfaktoren auf den Absatz bzw. Segmentanteil eines Modells, die im Rahmen dieser Arbeit verfügbar waren, geprüft.

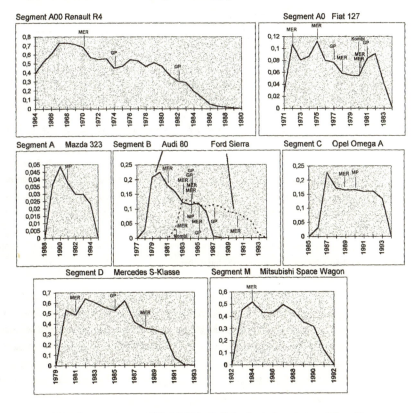

Abb. 15:   Ausgewählte MZ-Verläufe im deutschen Automobilmarkt

---

[156] Polli/ Cook (1969), S. 400.

Um eine erste Vorstellung von möglichen MZ-Verläufen zu erhalten, sind in Abbildung 15 die Verläufe der Segmentanteile für einige ausgewählte Modelle graphisch dargestellt.

Anhand der abgebildeten Zyklusverläufe, die für sich betrachtet noch keine allgemeingültigen Aussagen zulassen, können nun einige Wirkungshypothesen aufgestellt werden, die es im Anschluß über die gesamte Datenbasis zu verifizieren gilt:

1. Das Segmentanteilsmaximum liegt im Durchschnitt in der ersten Zyklushälfte, d.h. es ergibt sich eine asymmetrische Kurve für den MZ.

2. Die Lage von produktpolitischen Maßnahmen wie Modellerweiterungen (MER), großen Produktaufwertungen (GP), Modellpflegen (MP) sowie Kombi-Einführungen befindet sich jeweils vorzugsweise in bestimmten Bereichen des MZ.

3. MER, GP, MP und Kombi-Einführung weisen eine positive Auswirkung auf die Segmentanteilsentwicklung auf (d.h. Verlangsamung der Abnahme oder sogar Zunahme des Segmentanteils).

4. Ein Modell, das bereits einen Vorgänger hatte, erreicht einen durchschnittlich höheren Segmentanteil als sein Vorgänger.

Die Untersuchung der **Lage von Segmentanteilsmaxima** ergibt eine recht eindeutige Tendenz: Das Maximum befindet sich im Durchschnitt vor der Mitte der MZ-Gesamtlänge, d.h. bei weniger als 50% abgelaufenem MZ (siehe dazu Anhang C-1). Bei einer nach Segmenten differenzierten Betrachtung liegen lediglich im Segment D die Maxima durchschnittlich schon in der zweiten MZ-Hälfte. Die weitaus meisten Maxima befinden sich für alle Segmente im Bereich zwischen 12 und 36 Monaten nach Modelleinführung. Nur das Segment A00 fällt dabei etwas aus dem Rahmen, da hier viele sehr lange MZ enthalten sind. Aus diesem Grund liegen in diesem Segment viele Maxima erst oberhalb von 5 Jahren im Modellzyklus.

Als Ergebnis ist festzuhalten, daß statt der ursprünglichen symmetrischen Glockenkurve besser eine rechtsschiefe Funktion Verwendung finden sollte, da die Position des Absatzmaximums eines Modells damit besser abgebildet wird. Tendenziell werden dadurch die ersten MZ-Phasen verkürzt: „growth is short lived and maturity prolonged".[157] Die Implikationen dieser Streckung der Reife- und besonders der Sättigungsphase beschreiben Polli und Cook treffend: „The management of mature products would appear to be an important, enduring problem."[158]

---

[157] Polli/ Cook (1969), S. 400.
[158] Polli/ Cook (1969), S. 400.

Welche Möglichkeiten eine MZ-bezogene Produktpolitik eröffnet, zeigt die Untersuchung der **Lage produktpolitischer Maßnahmen** im Verlauf des Zyklusses. Für die Sättigungs- und Degenerationsphase gilt: „it is not clear whether it must be a time of *steadily* declining sales [...] some pauses in the decline are permissible".[159] Es muß also berücksichtigt werden, daß im Falle eines erfolgreichen Facelifts der Absatz eines Produkts durchaus wieder ansteigen kann (in einigen Ausnahmen wird dabei sogar das bisherige Maximum übertroffen[160]). Ein Relaunch in Form eines solchen Facelifts kann ein Produkt aus der Degenerationsphase wieder vorübergehend in die Sättigungsphase oder sogar in die Reifephase zurückversetzen und so den vorzeitigen Verfall hinauszögern. Selbstverständlich sind auch mehrere Facelifts denkbar. Eine genaue Untersuchung der Zeitpunkte von Modellerweiterungen (MER), großen Produktaufwertungen (GP) und Modellpflegen (MP) sowie Kombi-Einführungen findet sich in Anhang C-2 bis C-5. Im einzelnen ergab sich dabei für die meisten MER eine Position in der ersten Hälfte des MZ, für GP ungefähr in der Mitte, für MP Mitte bis Anfang zweite Hälfte des MZ. Kombi-Ausführungen sind in der überwiegenden Mehrzahl schon sehr früh im MZ erhältlich (siehe Abbildung 16 oberer Teil).

Eine eindeutige **Bewertung der o.g. modellpolitischen Maßnahmen** gestaltet sich als recht kompliziert. Unter der Annahme, die betrachtete Maßnahme liege im Verlauf des Jahres *t*, werden sowohl der Segmentanteil *S(t)* des Jahres *t* als auch derjenige des Jahres *t+1*, *S(t+1)* zur Untersuchung herangezogen. Eine positive Wirkung wird dann angenommen, wenn die Steigung größer als die durch die zwei vorherigen Werte gegebene ist. Eine positive Wirkung liegt also vor, wenn gilt:

$$S(t) - 2 \cdot S(t-1) + S(t-2) > 0$$

oder $S(t+1) - 2 \cdot S(t) + S(t-1) > 0$

Diese Bewertung ist recht grob und berücksichtigt neben der betrachteten Maßnahme keine anderen koinzidierenden Einflüsse. Daher muß das Ergebnis (siehe Anhang C-2 bis C-5) als systematisch zu hoch angesehen werden. Dennoch läßt sich anhand der ermittelten Werte feststellen, daß in über der Hälfte der Fälle Maßnahmen wie MER, GP, MP - und unter Einschränkung auch eine Kombi-Einführung - eine positive Wirkung auf die Segmentanteilsentwicklung aufweisen.

Als Zusammenfassung der Ergebnisse zu den Hypothesen 1 bis 3 ergibt sich das in Abbildung 16 dargestellte Referenzmodell eines MZ für den deutschen Automobilmarkt. Der obere Teil der Abbildung gibt tabellarisch und darunter graphisch jeweils die Anzahl der Modelle an, bei denen Maxima, MER, GP, MP oder eine Kombi-Einführung in der

---

[159] Polli/ Cook (1969), S. 392.
[160] So z.B. bei der 3er Reihe von BMW im Jahr 1986 (Segment B).

betreffenden Periode des MZ liegen. Die untere Graphik stellt unter Berücksichtigung dieser Verteilungen eine typische Modellzykluskurve dar.

Anzahl:

Maxima	18	41	94	74	50	45	32	27	10	8	18
MER	54	65	55	38	27	32	31	23	8	10	
GP	2	4	6	18	22	32	26	17	8	1	
MP	4	10	14	20	38	33	22	23	17	3	
Kombi	84	25	6	7	5	4	1	6	1	0	

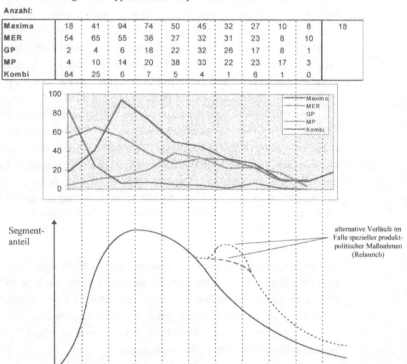

Abb. 16: Referenzmodell für Modellzyklen im deutschen Automobilsektor[161]

In diesem adaptierten Modell wurde als Absatzmaßgröße nicht der absolute Absatz oder der Umsatz gewählt, sondern der jeweilige Segmentanteil, d.h. der auf das betreffende Segment bezogene Marktanteil. Aus zwei Gründen wurde von der Verwendung des absoluten Absatzes abgesehen:[162]

    1. Der Absatz ist in Verbindung mit den jeweiligen Teilmarktvolumina aus dem Segmentanteil ableitbar.

---

[161] Eigene Darstellung.
[162] Vgl. Kellner (1987), S. 74. Siehe auch Abschnitt IV.1.3.

2. Der Segmentanteil drückt auch die Konkurrenzbeziehungen aus.[163] Dadurch können - besonders in den späteren Phasen - Einflüsse der Konkurrenten berücksichtigt werden, die oft mit Nachahmungsprodukten oder anderen Substituten den Wettbewerb verschärfen. Gerade für gesättigte Märkte, in denen eine Absatzsteigerung oft nur auf Kosten der Konkurrenz möglich ist, werden solche Interdependenzen zunehmend relevant.

Saisonale Faktoren haben bei der Verwendung von Jahresdaten dabei keinen Einfluß auf den abgebildeten Referenz-MZ[164], da monatliche Absatzschwankungen sich in jedem Jahr gleichermaßen auswirken. Ein leichter Saisoneinfluß ergibt sich höchstens dann, wenn nicht ein ganzes Jahr betroffen ist. Dies ist der Fall

- im Einführungs- und Auslaufjahr eines Modells sowie
- bei Maßnahmen wie MER, GP, MP und Kombi-Einführung (je nach Positionierung im Jahresverlauf).

In diesen Fällen wäre eine spezielle Umrechnung mittels geeigneter Multiplikatoren möglich. Darauf wurde hier jedoch verzichtet, da schon die Ermittlung der Zeitpunkte einzelner Maßnahmen nicht immer monatsgenau möglich war und durch eine solche Umrechnung eine Genauigkeit vorgetäuscht würde, die in Wahrheit nicht vorhanden ist. Zudem unterstellt eine solche Lösung einen Zusammenhang, der sich nur für die neueren Modelle, für die auch Monatsdaten verfügbar wären, verifizieren läßt.

Die **Existenz eines Vorgängers** hat keinen unmittelbaren Einfluß auf die Form des MZ, wirkt sich aber u.U. auf das Niveau des Segmentanteils aus. Die Ergebnisse in Anhang C-6 zeigen, daß weniger als die Hälfte der Nachfolgemodelle besser abschnitten als ihre Vorgänger. Eine positive Wirkung wurde dann angenommen, wenn der durchschnittliche Segmentanteil des Nachfolgers über dem seines Vorgängers lag:

$$\frac{1}{m}\sum_{i=1}^{k} S_{Vorg.}^{i} < \frac{1}{n}\sum_{j=1}^{l} S_{Nachf.}^{j}.$$

$S_{Vorg.}^{i}$ bzw. $S_{Nachf.}^{j}$ bezeichnen dabei den Segmentanteil des Vorgängers/ Nachfolgers im i-ten/ j-ten Jahr des MZ. m bzw. n geben die genaue Länge des MZ an, ausgedrückt in

$$\frac{Gesamtlaufzeit\ des\ MZ\ in\ Monaten}{12\ Monate}.$$

Das Ergebnis weist darauf hin, daß es keine eindeutige Tendenz gibt, daß die Existenz eines Vorgängermodells den Segmentanteil des nachfolgenden Modells im Mittel erhöht.

---

[163] Vgl. Meffert (1991), S. 563-564 zum Marktanteil als Kontrollgröße.
[164] So auch Polli/Cook (1969), S. 388.

Neben den bisher angesprochenen Einflußfaktoren, die sich auf den in Segmentanteilen gemessenen Modellzyklusverlauf auswirken können, werden noch weitere erklärende Variablen in dem zu konstruierenden Prognosemodell berücksichtigt (vgl. auch Abschnitt V.2.1.), deren Einfluß an dieser Stelle nicht weiter untersucht werden soll, da er entweder recht offensichtlich mit den zu prognostizierenden Werten zusammenhängt (z.B. Preis, prozentual abgelaufener Modellzyklus oder Anteile der größten Konkurrenten) oder einer einfachen Analyse nur schwer zugänglich ist. Es sei erwähnt, daß die Wiedervereinigung in den Jahren 1991 und 1992 einen Einfluß auf die Segmentanteile hatte, der sich aber nur sehr schwer quantifizieren läßt. Insbesondere einige Modelle der unteren Segmente haben von diesem Sonderereignis profitiert. Daher erscheint hier eine Dummy-Variable zur Berücksichtigung dieser Verschiebungen gerechtfertigt.

V. Ein Prognosesystem für Modellzyklen im deutschen Automobilmarkt

Dieses Kapitel beschreibt detailliert den schrittweisen Aufbau eines Prognosesystems für Modellzyklen. An die Vorstellung der zur Verfügung stehenden Datenbasis in Abschnitt 1 schließt sich eine Systematisierung in Abschnitt 2 an, die die nachfolgenden Konstruktionsschritte einordnet.

1. Die Datenbasis

Um effizient mit einer Sammlung von Ausgangsdaten arbeiten zu können, ist es vorteilhaft, sich genauer mit Herkunft, Qualität und Besonderheiten des Datenmaterials auseinanderzusetzen. Daher wird die von vier Studenten[165] zusammengetragene Datenbasis (die vollständigen Tabellen finden sich in Anhang A-1 bis A-7) nun kurz vorgestellt.

1.1. Quellen

Die in der Datenbasis enthaltenen Informationen stammen aus verschiedenen Quellen. Die Angaben über Modelleinführung und -auslauf sowie die Zeitpunkte von Kombi-Einführungen und Modelländerungen (MER, GP, MP) stammen aus den im Volkswagen-Konzern genutzten Übersichten über die Modellzyklen.[166] In Einzelfällen wurden Korrekturen anhand der Angaben in Schwacke[167] und Auto Katalog[168] sowie herstellereigenen Zulassungszahlen[169] vorgenommen. Die Preise wurden anhand Schwacke und Autosalon[170] ermittelt. Die jährlichen Absatzdaten sind den Angaben des Verbandes der Automobilindustrie[171] bzw. Berichten des Kraftfahrt-Bundesamtes[172] entnommen. Bei Unklarheiten oder mangelnder Disaggregation wurde zusätzlich auf die Daten der im Volkswagen-Konzern genutzten Chaido-Datenbank zurückgegriffen. Als zusätzliche Übersicht über die in den verschiedenen Jahren verkauften Modelle diente der Katalog der Automobil Revue.[173]

---

[165] Neben dem Autor waren dies: Markus Hagl, Roger Rau und Udo Rimmelspacher.
[166] VW (1995).
[167] Super Schwacke (1986), Super Schwacke (1994) und Super Schwacke (1996).
[168] Auto Motor Sport (1996).
[169] Auf schriftliche Anfrage bei allen berücksichtigten Herstellern hin konnte hier zusätzlich auf die Angaben von Nissan und Subaru bzgl. ihrer Neuzulassungen in Deutschland zurückgegriffen werden.
[170] Autosalon (1993).
[171] VDA (1995).
[172] KFBA (1996).
[173] Katalog der Automobil-Revue (1990).

1.2. Art und Umfang des Datenmaterials

Die als Grundlage dieser Arbeit erfaßten Daten beziehen sich auf die in Deutschland im Zeitraum von 1964 - 1996 zugelassenen PKW. Kleinbusse und Geländewagen, als PKW zugelassene Kleintransporter sowie reine Sportwagen wurden von der Betrachtung ausgeschlossen. Es wurden zudem nur Modelle erfaßt, die über einen längeren Zeitraum eine Zulassungszahl von über 1000 Stück aufwiesen. Abbildung 17 zeigt, welcher Anteil des deutschen Marktes damit erfaßt wurde.

Jahr	Gesamtmarkt BRD [Stück]	davon erfaßt [Stück]	[Anteil]
1964	1.342.980	860.688	0,64
1965	1.517.564	1.129.680	0,74
1966	1.506.124	1.237.064	0,82
1967	1.356.655	1.216.739	0,90
1968	1.425.089	1.242.239	0,87
1969	1.841.048	1.643.481	0,89
1970	2.107.123	1.877.729	0,89
1971	2.151.557	1.940.481	0,90
1972	2.142.963	1.883.158	0,88
1973	2.031.001	1.861.142	0,92
1974	1.693.010	1.568.710	0,93
1975	2.106.048	1.953.169	0,93
1976	2.312.067	2.146.487	0,93
1977	2.561.278	2.372.374	0,93
1978	2.663.754	2.475.303	0,93
1979	2.623.399	2.390.711	0,91
1980	2.426.187	2.222.552	0,92
1981	2.330.335	2.143.118	0,92
1982	2.155.537	1.985.964	0,92
1983	2.426.774	2.344.062	0,97
1984	2.393.939	2.238.315	0,93
1985	2.379.261	2.219.812	0,93
1986	2.829.438	2.627.422	0,93
1987	2.915.654	2.681.946	0,92
1988	2.807.939	2.658.324	0,95
1989	2.831.740	2.634.253	0,93
1990	3.040.783	2.802.910	0,92
1991	4.158.674	3.826.620	0,92
1992	3.929.558	3.602.228	0,92
1993	3.194.204	2.922.265	0,91
1994	3.209.224	2.935.739	0,91
1995	3.314.061	3.021.108	0,91
1996	3.496.320	3.268.815	0,93

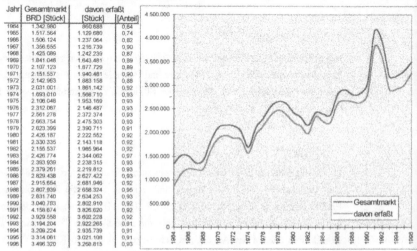

Abb. 17:   Erfaßte Anteile der PKW-Neuzulassungen im deutschen Automobilmarkt (ab 1991: Gesamtdeutschland)

Die Erhebung der Daten fand in sieben Segmente getrennt statt. Auf die Segmentierung und die Beschaffenheit der Segmente geht Abschnitt V.1.3. ausführlicher ein.

Eine erste Übersicht über die in den einzelnen Segmenten enthaltenen Modellzyklen gibt Abbildung 18.

Segment	A00	A0	A	B	C	D	M	Gesamt
Anzahl Hersteller	9	19	26	24	20	8	11	33
Anzahl Modelle	22	53	103	124	75	24	16	417
davon: vollständige Modellzyklen	11	34	71	90	56	16	4	282
unvollständige Modellzyklen	11	19	32	34	19	8	12	135
davon: vor 1964 unv.	5	3	3	1	5	2	0	19
nach 1996 unv.	6	16	29	33	14	6	12	116

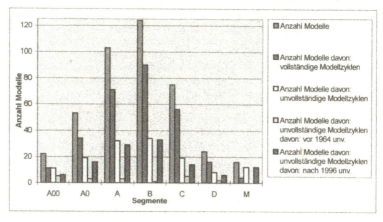

Abb. 18:   Umfang der erfaßten Daten nach Segmenten

Im einzelnen wurden folgende Angaben zu jedem Modell erfaßt (siehe auch Anhang A-1 bis A-7):

a)   Hersteller

b)   Modellbezeichnung

c)   Gab es einen Vorgänger?

Diese Dummy-Variable hat den Wert 1, falls in der Datenbasis ein Vorgängermodell existiert, sonst 0.

d)   Nationalität des Herstellers

Die Nationalität des jeweiligen Herstellers ist mit je einem Buchstaben kodiert:

b:	britisch
d:	deutsch
e:	spanisch
f:	französisch
i:	italienisch
j:	japanisch
k:	koreanisch
m:	malayisch
r:	russisch

s: schwedisch

t: tschechisch

e) Preis

Die Preisermittlung erwies sich wegen der bei einigen Modellen großen Variantenvielfalt als problematisch. Um eine einigermaßen gute Berücksichtigung aller angebotenen Modellvarianten zu gewährleisten, wurde als Preis für ein Modell der Median aller in der Mitte des Modellzyklusses angebotenen Varianten gewählt.

f) Modelleinführung und -auslauf

Als Modelleinführung bzw. -auslauf wurden in der Regel die Zeitpunkte (Monat und Jahr) des Zyklusbeginns bzw. -endes erfaßt. In einigen Fällen gab es allerdings einen Nachlauf, d.h. das Modell wurde (in geringen Stückzahlen) auch noch eine Weile nach dem offiziellen Modellauslauf zugelassen.

g) Einführung eines Kombi

Gab es zu einem Modell eine Kombiausführung, so sind hier Monat und Jahr der Einführung erfaßt.

h) Modellerweiterungen (MER)[174]

Eine Modellerweiterung gibt jeweils den Zeitpunkt an, an dem eine neue Modellvariante hinzugekommen ist. Modellreduzierungen werden dabei nicht berücksichtigt.

i) große Produktaufwertungen (GP)

Große Produktaufwertungen bezeichnen Zeitpunkte, an denen ein bestehendes Modell grundlegend überarbeitet worden ist.

j) Modellpflegen (MP)

Zum Zeitpunkt einer Modellpflege wurde ein bestehendes Modell leicht überarbeitet.

k) Zulassungsanzahl im Bundesgebiet von 1964 - 1996

Die Anzahl der Zulassungen gibt jeweils die Zahl der Neuzulassungen von Fahrzeugen im Bundesgebiet wieder. Ab 1991 beziehen sich die Angaben auf Gesamtdeutschland.

In wenigen Ausnahmefällen war es dabei jedoch nicht möglich, die exakten Zahlen zu ermitteln, so daß eine Schätzung fehlender Werte nötig wurde.

---

[174] Zu h) bis j) siehe Abschnitt VI.1.2.
Vgl. auch Lutschewitz/ Kutschker (1977), S. 135: MER, GP und MP entsprechen den dort angesprochenen Innovationen vom Typ II und III, die Verbesserungen, Modifikationen u.ä. darstellen.

1.3. Strukturierung und Abgrenzung von Teilmärkten

Eine Teilmarktgenerierung definiert Diez wie folgt: „Unter Marktsegmentierung versteht man die Aufteilung des Gesamtmarktes in möglichst homogene Käufergruppen. Damit wird der Tatsache Rechnung getragen, daß der Automobilmarkt aus einer Vielzahl von Teilmärkten besteht."[175] Eine solche Marktsegmentierung kann nach unterschiedlichen Kriterien erfolgen, wie Abbildung 19 veranschaulicht.

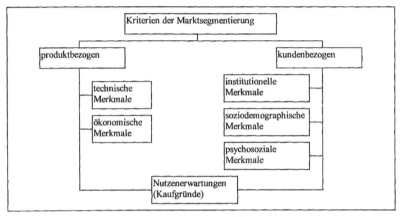

Abb. 19:   Marktsegmentierungskriterien[176]

Die Abgrenzung nach soziodemographischen Kriterien ist am weitesten verbreitet. Diese Methode wird durch gute Datenverfügbarkeit sowie einer leichten Umsetzbarkeit im operativen Verkaufsgeschäft gekennzeichnet. Wegen der Schwierigkeit, daß „aus gleichen soziodemographischen Merkmalen von Kunden [..] nicht mehr auf ein gleichartiges Konsumentenverhalten geschlossen werden"[177] kann, plädiert Diez für die Verwendung psychosozialer Kriterien, die aus dem Lebensstilkonzept abgeleitet werden.

Auch wenn die genannten kundenbezogenen Ansätze für viele Zwecke von Vorteil sind, wird in dieser Arbeit aus pragmatischen Gründen eine produktbezogene Segmentierung verfolgt. Diez räumt ein, daß „in der Produktions- und ergebnisorientierten Steuerung des Verkaufsgeschäftes in Richtung eines gewünschten Typen-Mix"[178] ein produktbezo-

---

[175] Diez/ Meffert/ Brachat (1994), S. 65. Vgl. Kellner (1987), S. 32.
[176] Aus: Diez/ Meffert/ Brachat (1994), S. 66.
Eine Erweiterung dieser Systematik für eine globale Segmentierung findet sich bei Hünerberg (1995), S. 83ff.
[177] Diez/ Meffert/ Brachat (1994), S. 72.
Für eine genauere Darstellung eines käuferbezogenen Ansatzes vgl. z.B. Jagoda (1972), S. 45-50.
[178] Diez/ Meffert/ Brachat (1994), S. 82.

gener Ansatz sinnvoll sein kann. Dieser Ansatz wird von Smith als Praktikeransatz betitelt, da er die Kundenperspektive nahezu ausblendet. Das führt dazu, daß eine solche Aggregation einzelner Produkte weniger als eine Segmenteinteilung im Sinne obiger Definition, sondern eher als Klassifikation zu bezeichnen ist.[179] Wird im folgenden der Begriff „Segment" gebraucht, so wird darunter dieses Verständnis von Segmentierung als Klassifikation subsumiert.

In dieser Arbeit wird für die Marktunterteilung die im VW-Konzern verwendete Klassifizierung anhand folgender 11 Merkmale verwendet[180] :

- Höchstgeschwindigkeit
- Beschleunigung von 0 auf 100 km/h
- Benzinverbrauch auf 100 km
- Komfortfläche (spezielles Innenraummaß)
- Spurweite
- Fahrzeuglänge
- Radstand
- Hubraum
- Gepäckvolumen
- Motorleistung
- Bereifung

Diese Kriterien beschreiben den Markt aus der Sicht des Produzenten mittels objektiv-technischer Produkteigenschaften.[181] Es werden im folgenden sieben nach diesen Kriterien zusammengesetzte Fahrzeugklassen gebildet:

A00	Kleinstwagen
A0	Kleinwagen
A	untere Mittelklasse
B	Mittelklasse
C	obere Mittelklasse
D	Oberklasse (Luxus)
M	Vans (Multi-Personen-Vehikel, MPV)

---

[179] Vgl. Smith (1988), S. 39.
   Jagoda bezeichnet diese Art der Strukturierung als „Klassenkonzept" (vgl. Jagoda (1972), S. 39-40).
[180] Vgl. Smith (1988), S. 47.
[181] Jagoda bezeichnet diese Bewertung als „Punktwertsystem", bei dem die genannten Faktoren jeweils gewichtet eingehen (vgl. Jagoda (1972), S. 40-43).

Obwohl die dieser Einteilung zugrundeliegenden Kriterien objektiver Art sind, bilden sie meiner Meinung nach keinen wirklichen Gegensatz zu einer kundenbezogenen Segmentierung, da käuferbezogene Kriterien oft auch mit den technischen Produkteigenschaften und insbesondere dem Preis korrelieren. Die von Bauer und Herrmann geforderten Substitutionseffekte[182], die die Produkte eines Teilmarktes kennzeichnen sollen, sind in den gebildeten Klassen dadurch ebenso vorhanden.

Die dargestellte Segmentierung nach Produktgruppen ist ebenso konform mit dem Anforderungskatalog, den Kellner[183] aufstellt. Ihm zufolge sollen Kriterien zur Untergliederung

1. kaufrelevant,
2. diskriminierungsrelevant,
3. erfaßbar,
4. meßbar und
5. stabil über einen längeren Zeitraum sein sowie
6. einen Bezug zur Marktbearbeitung haben.

Mit diesen Kriterien konforme Produktgruppen „stellen historisch Klassen von nachgefragten Kundenwünschen dar. Für die Zukunft sind sie Angebote zur Befriedigung potentieller zukünftiger Nachfrage."[184]

Abschließend sei bzgl. der Segmentierung erwähnt, daß eine Klassifizierung nach obigen Kriterien letztlich doch eine subjektive Zuordnung bleibt. Es werden hier nicht einzelne Modellvarianten zugeordnet, sondern ganze Modellreihen, deren Varianten sich z.B. in der Motorleistung oft erheblich unterscheiden. Die damit verbundene Verletzung der reinen Zuordnung nach objektiv-technischen Produkteigenschaften trägt jedoch der Tatsache Rechnung, „daß die Zugehörigkeit zu einer Modellreihe auf Kunden stärker ausstrahlt als die einzelnen Produkteigenschaften"[185].

---

[182] Vgl. Bauer/ Herrmann (1995), S. 23.
[183] Vgl. Kellner (1987), S. 33.
[184] Kellner (1987), S. 35.
[185] Kellner (1987), S. 43.
    Zur Zuordnungsproblematik der Modellvarianten vgl. Kellner (1987), S. 42-44.

2. Systematik zum Aufbau des Prognosesystems

Um ausgehend von der Basis der in Abschnitt V.1. vorgestellten Datenbasis ein Prognosesystem zu konstruieren, sind mehrere Schritte nötig (s. Abb. 20).

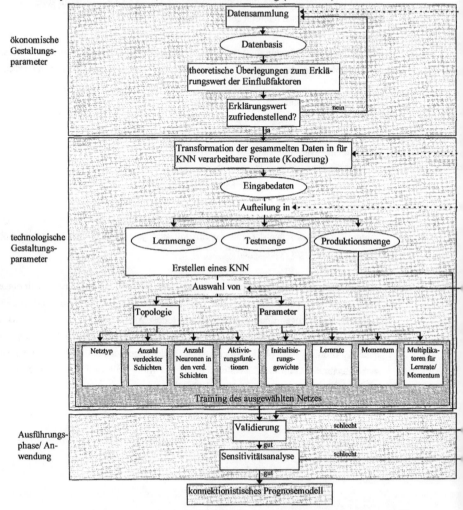

Abb. 20:   Strukturierung eines konnektionistischen Prognosemodells[186]

---

[186] Eigene Darstellung, s. dazu auch: Corsten/ May (1996b), S. 7; Cruse/ Leppelmann (1995), S. 171; Jung/ Wiedmann (1994), S. 19, 26; Mechler (1995), S. 71-72; Pietruska (1994), S. 36, 38, 53, 56; Rehkugler et al. (1995), S. 313.

Der erste Bereich in Abbildung 20 befaßt sich mit den ökonomischen Gestaltungsparametern. Ziel ist es dabei, die wesentlichen erklärenden Variablen - soweit verfügbar - in das Modell aufzunehmen.[187] Auf welche Weise diese Auswahl erfolgen kann, wurde bereits in Abschnitt II.2. diskutiert. Zur Bewertung und Auswahl von Variablen wäre auch ein zusätzlicher Einsatz klassischer statistischer Methoden denkbar, auf den hier allerdings aus zeitlichen Gründen weitgehend verzichtet werden mußte. Anhand der Überlegungen und Analysen in Kapitel IV. erfolgte in Abschnitt V.1. eine detaillierte Vorstellung der Datenbasis. Zur Generierung der Wissensbasis eines KNN ist es oft zusätzlich sinnvoll, einen Experten hinzuzuziehen, um aussagekräftige Inputgrößen in die Datenbasis aufzunehmen.[188]

Die nun folgenden Abschnitte behandeln die Problematik der technologischen Gestaltungsparameter auf den verschiedenen Ebenen: Die Tranformation der Datenbasis zu einem Netzinput (vgl. Abschnitt 2.1.) ist eine wesentliche Vorentscheidung, die bereits viele Alternativen zuläßt. Auch die Unterteilung der Inputdaten in Trainings-, Test- und Produktionsmenge eröffnet mehrere Realisierungsmöglichkeiten (vgl. Abschnitt 2.2.). Das wesentliche Entscheidungsfeld liegt jedoch bei der Spezifikation der Topologie und der Parameter des KNN. Abschnitt 2.3. zeigt hier die zu treffenden Entscheidungen auf. Die Abschnitte 2.4. und 2.5. erläutern im Anschluß Optimierungsmöglichkeiten für Topologie und Parameter. Abschließend werden die Ergebnisse der ausgewählten generierten Netze in Abschnitt 2.6. evaluiert.

2.1. Von den Rohdaten zum Netzinput

Um einen für ein KNN sinnvoll zu verarbeitenden Input zu erzeugen, müssen die Basisdaten (s. Anhang A-1 bis A-7) transformiert und - soweit möglich - verdichtet werden. Zu diesem Zweck werden im folgenden mehrere mögliche Ansätze vorgestellt, von denen unter Abwägung der Vor- und Nachteile schließlich einer zur Anwendung ausgewählt wird. Es sei an dieser Stelle angemerkt, daß die hier vorgestellten Ansätze nur eine Auswahl aus der Menge der möglichen Alternativen darstellen können. Ziel ist es zu zeigen, wie breit das Spektrum der Realisierungsmöglichkeiten ist.

Eine erste Unterteilung ergibt sich aus der Verarbeitung der Zulassungszahlen: Sie können als Absolutzahlen in das Modell eingehen oder in Segmentanteilen ausgedrückt wer-

---

[187] Die informatorische Basis sollte nicht nur eine reine „Variablenliste" (vgl. Jung/ Wiedmann (1994), S. 23) sein, sondern tatsächlich pro Variable einen Erklärungswert für das Prognosedatum haben, da sonst die Gefahr besteht, daß beim Training des KNN Pseudoabhängigkeiten gebildet werden.

[188] Der Experte kann dabei im Dialog mit dem „Neuroingenieur" an der Konstruktion des KNN teilnehmen (vgl. Zhang (1992), S. 4).

den. Absolutzahlen haben den Nachteil, daß sie auch die Schwankungen im Volumen des Gesamtmarktes und der Segmente in ihrer absoluten Größe beinhalten und somit Faktoren enthalten, die hier nicht betrachtet werden sollen, ja sogar störend wirken.[189] Die Verwendung der Segmentanteile ist in diesem Falle vorzuziehen. Die Berechnung dieser Segmentanteile $S^t_{m,s}$ ist als eine Querschnittsnormierung anzusehen: Die Zulassungszahlen aller Modelle $Z^t_{m,s}$ im jeweils betrachteten Segment s werden mittels der Summe des jeweiligen Jahres t auf das Intervall $[0;1]$ normiert.

$$S^t_{m,s} = \frac{Z^t_{m,s}}{\sum_m Z^t_{m,s}}$$

Segmentanteile besitzen zudem den Vorteil, die Abhängigkeiten und Einflüsse der Hersteller eines Segments untereinander widerzuspiegeln.

Da die Berechnung der Segmentanteile nur auf Basis der Summe der *erfaßten* Modelle erfolgt, liegen die Werte wegen der nicht vollständigen Erfassung des deutschen Marktes systematisch leicht über ihrem realen Wert, d.h. der Nenner in der obigen Gleichung ist etwas kleiner als in der Realität. Diese Abweichung kann rechnerisch maximal 3% betragen, liegt jedoch in den meisten Fällen wesentlich darunter.[190]

Es stellt sich nun die Frage, in welcher Form die Daten dem KNN dargeboten werden sollen. Abbildung 21 zeigt Inputs und Output(s) für zwei Ansätze.

---

[189] Eine Normierung der Absolutzahlen ähnlich der Preisnormierung auf ein Basisjahr (Längsschnittnormierung) wäre zwar denkbar, weist jedoch keine erkennbaren Vorteile gegenüber der Verwendung der Segmentanteile auf.
[190] Vgl. dazu Abschnitt V.1.2.

Ansatz 1

	mehrere Outputs											Inputs				
	Segmentanteil von Modell m zu x% abgelaufenem Modellzyklus											Segment (Dummy)	Hersteller (Dummy)	mit Vorgänger? (Dummy)	Preis (indexiert auf 1980)	Kombi/ MER/ GP/MP (Dummies?)
0%	10%	20%	30%	40%	50%	60%	70%	80%	90%	100%					

Ansatz 2[191]

1 Output	Inputs										
Segmentanteil von Modell m im Jahr t (Output)	Segment (Dummy)	Hersteller (Dummy)	mit Vorgänger? (Dummy)	Preis (indexiert auf 1980)	MZ gelaufen? (Dummy)	% abgelaufener MZ	Kombi erhältlich? (Dummy)	MER/ GP/ MP (Dummies)	Wiedervereinigung (Dummy)	eigene Historie (10 Vorjahre)	Anteile der 10 größten Konkurrenten

Abb. 21: Auswahl möglicher Generierungsarten eines Netzinputs

Zunächst seien die beiden Ansätze kurz vorgestellt:

Ansatz 1 berücksichtigt jeweils einen ganzen Modellzyklus. Die Einzelwerte werden hier auf zehn Werte standardisiert. Dafür sind ggf. Zwischenwerte zu ermitteln. Das Segment und der Hersteller des Modells werden in mehreren Dummy-Variablen kodiert. Desweiteren gibt ein Dummy an, ob es einen Vorgänger (1) gab oder nicht (0); eine Variable nimmt den indexierten Preis auf und weitere Variablen kodieren die modellpolitischen Maßnahmen.

Ansatz 2 stellt in jedem Datensatz nur ein Jahr eines Modellzyklusses dar. Zusätzlich zu den in Ansatz 1 genannten erklärenden Variablen wird es hier nötig anzugeben, ob der Modellzyklus gelaufen ist (0/1) und wieviel Prozent davon schon abgelaufen sind. In den Jahren 1991 und 1992 hat bei diesem Ansatz der Dummy „Wiedervereinigung" den Wert 1. Darüber hinaus bilden hier die eigenen Vorjahreswerte sowie die Anteile der wichtigsten Konkurrenzmodelle weitere erklärende Variablen.

Die in Abbildung 21 enthaltene Kodierung besteht aus Dummy-Variablen (mit dem Wert 0 oder 1) für die Segmente bzw. Hersteller. Diese Kodierung ist die einfachste Methode, die Variablen unabhängig voneinander abzubilden, d.h. sie sind jeweils einzeln ohne Kenntnis der übrigen Variablen interpretierbar. Die Methode hat den Vorteil, daß sie a priori keine Wertungen in die Daten einbringt (eine solche Wertung wäre z.B. ein willkürliches Gruppieren von Herstellern).[192]

---

[191] Diesem Ansatz liegt die Vorstellung eines gedachten Absatzplaners zugrunde, der sich im Jahr *t* befindet und eine Prognose des Segmentanteils eines Produktes für das Jahr *(t+1)* generieren will, um Entwicklungstendenzen bis zu diesem Zeitpunkt aufzuzeigen (*t* sei dabei die letzte noch erfaßte Periode in der Datenbasis). Dazu muß er Annahmen über eigene Entscheidungen und das wahrscheinliche Verhalten seiner Konkurrenten für den angegebenen Zeitraum treffen. Ein solches Annahmebündel bildet jeweils ein Szenario.

[192] Eine Musterbildung (feature extraction) zur Dimensionsreduzierung der Inputdaten, wie sie Bishop als eine wesentliche Maßnahme zur Verbesserung der Generalisierungsfähigkeit eines Netzes vorschlägt, ist deshalb nicht unmittelbar anwendbar (vgl. Bishop (1995), S. 296-297).

53

Als weitere erklärende Variable ist in beiden Ansätzen der Preis enthalten. Diese Variable enthält den mittels des Verbraucherpreisindexes des Statistischen Bundesamtes auf das Jahr 1980 standardisierten Preis, der sich aus dem Median der angebotenen Modellvarianten ca. in der Mitte des jeweiligen Modellzyklusses errechnet.

Die beiden Ansätze unterscheiden sich in allen weiteren Merkmalen grundlegend voneinander: Bei Ansatz 2 wird zu jedem S_h^t ein Datensatz generiert, während Ansatz 1 nur einen Datensatz pro Modellzyklus vorsieht. In Ansatz 2 lassen sich daher Modellerweiterungen (MER), große Produktaufwertungen (GP) und Modellpflegen (MP) sowie das Wiedervereinigungsflag problemlos zuordnen, da sich jeder Datensatz auf den Segmentanteil in einem bestimmten Jahr t bezieht. Beim ersten Ansatz ist diese Zuordnung in der Form nicht möglich. Hier wird zunächst der Modellzyklus auf eine einheitliche Länge normiert, z.B. 10 Werte wie in Abbildung 21. Um diese 10 Werte zu ermitteln, müssen allerdings teilweise Zwischenwerte berechnet werden, die wiederum auf mehrere Arten ermittelbar sind. Die Ereignisse wie MER, GP, MP, Kombi-Einführung oder Wiedervereinigung sind anschließend nicht mehr eindeutig zuordnungsfähig, sie verlieren ihren Bezug auf das Jahr der Maßnahme. Auch eine Verwendung des prozentual abgelaufenen Modellzykluswertes kann diesen Bezug nur bedingt wiederherstellen. Bei Ansatz 1 geht durch die Normierung ein Charakteristikum eines Modellzyklusses, seine Länge, verloren. Der Zeitkomponente in den Daten wird dadurch eine geringere Beachtung geschenkt. Durch die Standardisierung der Werte wird es außerdem sehr schwierig, den Bezug einer Maßnahme zum betreffenden Segmentanteil herzustellen.

Ein wesentliches Argument gegen Ansatz 1 ist darüber hinaus, daß hier wegen der Betrachtung ganzer Modellzyklen die Berücksichtigung unvollständiger MZ sehr erschwert, wenn nicht gar unmöglich wird.

Im folgenden werden die Informationen der Datenbasis gemäß Ansatz 2 zu einem Netzinput transformiert. Die Variablentransformation der Inputdaten auf den Mittelwert 0 und eine einheitliche Standardabweichung führt die verwendete Software NeuroShell 2 automatisch aus.[193] Die Eingabedaten werden dadurch auf den Wertebereich der Neuronen skaliert.

---

[193] Vgl. dazu Bishop (1995), S. 298 und Ward (1995), S. 92.

2.2. Die Unterteilung in Lern-, Test- und Produktionsmenge

Beim Trainieren eines KNN ist die Approximationsfähigkeit des lernenden Netzes für noch unbekannte Daten von Interesse. Gerade bei Backpropagation-Netzen besteht allerdings die Gefahr, daß das Netz eine gegebene Datenmenge zwar sehr gut lernt, aber nicht die gewünschte Generalisierungsfähigkeit für das Problem entwickelt.[194] Daher ist es nötig, eine Trainings- und eine unabhängige Testmenge zu bilden. Im Verlauf des Lernprozesses verbessert sich i.d.R. die Repräsentation der Daten der Trainingsmenge immer mehr. Am Ende jeder Lernepoche (d.h. nach einem Durchlauf aller Datensätze) wird dabei die Anpassung auf der Testmenge geprüft und das demzufolge am besten approximierende Netz gespeichert.[195] Es ergibt sich ein typischer Zusammenhang zwischen den Abweichungen auf der Lern- und Testmenge, den Abbildung 22 veranschaulicht.

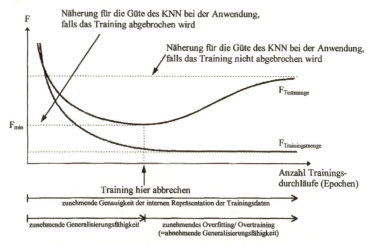

Abb. 22:   Der Zusammenhang zwischen Lern- und Testfehler[196]

Als Gütekriterium F kann z.B. der mittlere quadratische Fehler (MSE) herangezogen werden. Hecht-Nielsen beschreibt die Eigenschaft, die dieses Maß gegenüber den Alternativen wie maximaler absoluter Fehler oder mittlerer absoluter Fehler auszeichnet, wie folgt: „This error measurement scheme ensures that large errors receive much greater

---

[194] Vgl. Hecht-Nielsen (1989), S. 116.
[195] Zu diesem Konzept der Kreuzvalidierung siehe z.B. Corsten/ May (1996b), S. 9. Daneben gibt es auch sophistiziertere Methoden der Kreuzvalidierung, deren praktische Umsetzung aber sehr zeitaufwendig ist, und die daher nicht angewendet wurden. Vgl. z.B. Bishop (1995), S. 374 - 375.
[196] Übersetzt aus: Hecht-Nielsen (1989), S. 117, mit eigenen Ergänzungen.

attention than small errors, which is usually what is desired (in most situations large errors hurt much more than small errors)."[197]

Da die Anzahl der Datensätze in der Testmenge insbesondere bei einer großen Zahl an Datensätzen nicht zu klein sein sollte, wurden für das vorliegende Problem 15% gewählt, wobei die Auswahl objektiv erfolgte. Ein kleiner Teil (ca. 5%) wurde als Produktions-menge separiert.[198] Diese Menge ist für die Validierung des Lernergebnisses in Abschnitt V.2.6. wichtig. Abbildung 23 stellt die Aufteilung der Inputdaten in die drei disjunkten Mengen graphisch dar.

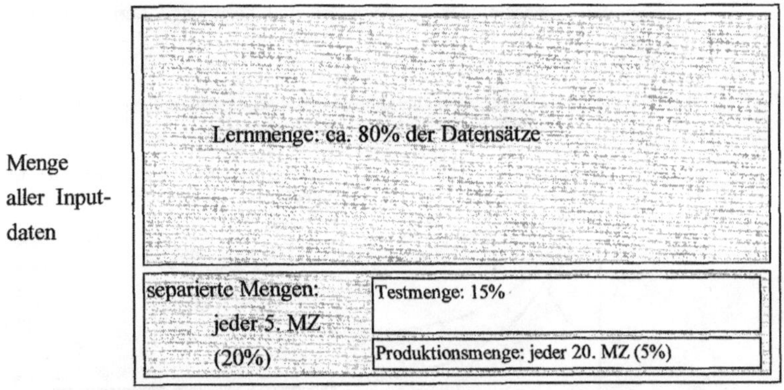

Menge
aller Input-
daten

Lernmenge: ca. 80% der Datensätze

separierte Mengen:
jeder 5. MZ
(20%)

Testmenge: 15%

Produktionsmenge: jeder 20. MZ (5%)

Abb. 23:   Unterteilung der Inputdaten in drei disjunkte Mengen

Die sich bei dieser Vorgehensweise ergebenden Größen der Mengen - sowohl für die einzelnen Segmente als auch für die Gesamtbetrachtung - zeigt Abbildung 24.

---

[197] Hecht-Nielsen (1989), S. 113.
[198] Diese Menge wird in der Literatur auch als Prognosedatenbasis bezeichnet (vgl. Corsten/ May (1996b), S. 10). Die Bezeichnungen der drei separaten Mengen ist je nach Autor unterschiedlich: vgl. z.B. Azoff (1995), S. 45 - 46, Bishop (1995), S. 372, Hecht-Nielsen (1989), S. 111 - 119, Mechler (1995), S. 77 - 78, Lohrbach (1994), S. 42 - 45, Prechelt (1994), S. 9 -11 sowie Rieß (1994), S. 45 - 47.
Diese Arbeit folgt der Benennung von Ward (1995).

Segmente	Anzahl MZ			Anzahl Patterns		
	training (80%)	test (15%)	production (5%)	training (80%)	test (15%)	production (5%)
A00	18	3	1	253	49	11
A0	43	8	2	507	117	25
A	83	15	5	913	186	65
B	100	18	6	1150	182	66
C	60	11	4	736	163	47
D	20	3	1	279	30	16
M	13	2	1	102	16	4
Ges	337	60	20	3949	733	234

Abb. 24: Die Größe der einzelnen Teilmengen für die Segment- sowie die Gesamtbetrachtung[199]

Die Anzahl der Modellzyklen in den Test- und Produktionsmengen der einzelnen Segmente (insbes. der kleineren) läßt bereits ein Problem erkennen: Oft stehen nur einzelne MZ zum Testen bzw. Validieren des Lernergebnisses zur Verfügung. Das bedeutet, daß der Lernerfolg an den Charakteristika nur weniger MZ gemessen wird. Das Ergebnis hängt damit stark von der Auswahl der einzelnen MZ ab.[200]

Die Anzahl der MZ in den einzelnen Mengen liefert somit bereits erste Hinweise auf die Brauchbarkeit der Lernergebnisse: Eine Gesamtbetrachtung erscheint unter diesen Gesichtspunkten gegenüber der segmentweisen Vorgehensweise von Vorteil, da hier wegen der weitaus größeren Test- und Produktionsmenge eine wesentlich geringere Einzelfallabhängigkeit als in den Segmenten besteht.[201]

Durch diese Aufteilung der Inputdatenmenge in Lern-, Test- und Produktionsmenge wird dem Overfitting (auch: overlearning, overtraining) des zu erstellenden KNN entgegengewirkt. Die zusätzliche Validierung über die Produktionsmenge führt bei zu gut an die Trainingsdaten angepaßten Netzen zu einem schlechteren Ergebnis als bei einem Netz mit größerer Generalisierungsfähigkeit.

---

[199] Hinweis: Die im rechten Teil dargestellte Auswahl der Datensätze erfolgte nur einmal, d.h. es wurden bei allen Versuchen immer dieselben Mengen verwendet (vgl. Azoff (1995), S. 46).

[200] Zu dieser Problematik s. auch Mechler (1995), S. 78.

[201] Damit dürfte der Einwand von Mechler (1995), S. 78, zumindest teilweise entkräftet sein, der Unterschied zwischen diesen beiden Mengen verhindere u.U. das Annähern an den besten Systemzustand.

2.3. Die verwendete Netztopologie

Bei der Vielzahl der verschiedenen Netztypologien erscheint die Frage berechtigt, nach welchen Kriterien die Auswahl einer bestimmten Architektur erfolgen sollte. Corsten/ May stellen dazu fest, daß lediglich „Aussagen hinsichtlich einer grundsätzlichen Eignung bestimmter Netztypen für einzelne Anwendungsfelder"[202] möglich sind.

Im vorliegenden Anwendungsfall sollen KNN N_E-dimensionale Inputvektoren auf N_A-dimensionale vorgegebene Outputvektoren abbilden. Diese Beziehung wird durch die Funktion $f: \Re^{N_E} \longrightarrow \Re^{N_A}$ ausgedrückt.[203] Diese Aufgabe der Funktionsapproximation, die einen überwachten Lernvorgang bedingt, wird auch als „Mapping" bezeichnet.[204] Für ein solches Mapping sind Backpropagation-Netze grundsätzlich geeignet: „Für den Fall des überwachten Lernens kann das Backpropagation-Netz als weitgehend universell einsetzbares Netz gelten."[205] Dies impliziert zwar keineswegs, daß nicht auch andere Netztypen geeignet wären, aber die Tatsache, daß ca. 70% der bisherigen KNN-Anwendungen Backpropagation-Netze waren,[206] bedingt, daß mit diesem Netztyp neben einer ausgereiften Theorie auch auf vielfältige Erfahrungen der verschiedenen Autoren zurückgegriffen werden kann.

Nach der Auswahl der allgemeinen Topologieform gilt es, eine problemadäquate Netzgröße zu bestimmen. Für dreischichtige KNN in feedforward-Backpropagation-Architektur[207] (d.h. ohne Rückkopplungen) läßt sich zeigen, daß sie grundsätzlich jede beliebige Funktion intern repräsentieren und damit approximieren können.[208] Dazu ist jedoch eine gewisse Netzgröße erforderlich. Eine Näherung zur Bestimmung dieser Netzgröße stellt einen Zusammenhang her zwischen der Anzahl der Trainingsdatensätze P,

---

[202] Corsten/ May (1996b), S. 10, so auch Faißt (1993), S. 234-235.
Zum Architekturproblem s. auch Dorffner (1995), S. 16-17.

[203] $\Re^{N_E}$ bezeichnet den Zustandsraum (= Menge aller möglichen Zustände) der Eingabeschicht und $\Re^{N_A}$ den Zustandsraum der Ausgabeschicht.

[204] Eine grobe Einteilung von KNN in bestimmte Anwendungsfelder findet sich bei Krause (1993), S. 63.

[205] Corsten/ May (1996b), S. 10.

[206] Vgl. Werbos (1995), in: Arbib (1995), S. 134.

[207] Eine Definition des Begriffs „feed-forward" gibt Brause (1991), S. 53.

[208] Diese Aussage stützt sich im wesentlichen auf das Theorem von Kolmogorow (vgl. Brause (1991), S. 50-51, Fausset (1994), S. 328-330, Hassoun (1995), S. 47-49 und Hecht-Nielsen (1989), S. 122-124, 131-133).
Ein mathematischer Beweis zur Konvergenz des Backpropagation-Algorithmus findet sich in Kinnebrock (1992), S. 134-135.
Die Implikationen des Kolmogorow-Theorems für KNN sind jedoch nicht unumstritten (vgl. Bauer (1991), S. 12).

der Anzahl der Gewichte des Netzes W sowie der erwarteten Approximationsgeschwindigkeit des Netzes e:[209]

$$\frac{W}{P} = e \quad \Leftrightarrow \quad \frac{W}{e} = P$$

Sei N_E die Anzahl der Inputvariablen des Netzes, so ist ein Netz mit $(2N_E+1)$ Neuronen in der Lage, unter Verwendung nichtlinearer stetig wachsender Aktivierungsfunktionen jede stetige Funktion abzubilden.[210]

Diese Zahl an Neuronen in der verdeckten Schicht kann hier als Maximaltopologie angesehen werden. Bei der Berechnung der Neuronenzahl in der inneren Schicht erhält man für die Gesamtbetrachtung einen Wert von $2*69+1=139$ Neuronen (s. auch Abb. 25).

Obwohl dreischichtige Netze prinzipiell ausreichen sollten, werden in den folgenden Untersuchungen zu Vergleichszwecken auch vier- und fünfschichtige Netze mit in die Betrachtung aufgenommen.[211]

---

[209] Vgl. Fausset (1994), S. 298.

[210] Vgl. Azoff (1995), S. 50-51.
Das bedeutet nicht, daß mit dieser Neuronenzahl das Optimum erreicht werden *muß*, da das Training von KNN kein deterministischer Prozeß ist (vgl. Hecht-Nielsen (1989), S.133).
Eine andere Herleitung zur Dimensionierung der Zwischenschicht gibt Kratzer (1993), S. 148-153.
Es existiert mittlerweile eine Vielzahl von „Daumenregeln" zur Dimensionierung von KNN, die jedoch alle auf Erfahrungen aus spezifischen Anwendungen beruhen und somit keine Allgemeingültigkeit haben (vgl. Steiner/ Wittkemper (1993), S. 461).

[211] Es gibt bei verschiedenen Autoren Hinweise, daß sich u.U. die Verwendung eines vierschichtigen Netzes positiv auswirken kann (vg. Fausset (1994), S. 290, 299, 320). Einzelne Versuche zeigen, daß 3 verdeckte Schichten eine noch bessere Approximationsfähigkeit bewirken als 2 (vgl. Bernasconi (1990), S. 129-130 und Hecht-Nielsen (1989), S. 133).
Poddig rät allerdings wegen der unterschiedlichen Startpunkte bei der Gewichtsinitialisierung zur Vorsicht bzgl. der Interpretation unterschiedlicher Topologien (vgl. Poddig (1992), S. 295-296).

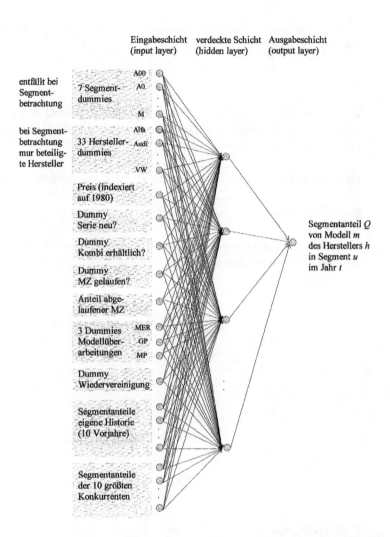

Eingabeschicht verdeckte Schicht Ausgabeschicht
(input layer)   (hidden layer)   (output layer)

entfällt bei Segmentbetrachtung

7 Segmentdummies
- A00
- A0
- ⋮
- M

bei Segmentbetrachtung nur beteiligte Hersteller

33 Herstellerdummies
- Alfa
- Audi
- ⋮
- VW

Preis (indexiert auf 1980)

Dummy Serie neu?

Dummy Kombi erhältlich?

Dummy MZ gelaufen?

Anteil abgelaufener MZ

3 Dummies Modellüberarbeitungen
- MER
- GP
- MP

Dummy Wiedervereinigung

Segmentanteile eigene Historie (10 Vorjahre)

Segmentanteile der 10 größten Konkurrenten

Segmentanteil Q von Modell m des Herstellers h in Segment u im Jahr t

Abb. 25:   Schematische Struktur der eingesetzten KNN

60

2.4. Topologieoptimierung

Die Optimierung der Netztopologie steht grundsätzlich vor einem Zielkonflikt:

- „Adaptiere das Netz so, daß *genau* diese Eingabestimuli zu *genau* diesen Reaktionen führen *(Reproduktion)*!

- Adaptiere das Netz so, daß für jeden Eingabevektor eine gemessen an den Trainingsvektoren *sinnvolle* Ausgabe erzielt wird *(Generalisierung)*!"[212]

Die hier verwendete Suchmethode nach einem möglichst guten, d.h problemadäquaten Netzwerkdesign kann nur eine heuristische sein, da sich bei einer vollständigen Suche selbst bei kleinen Netzen eine immens große Zahl an Alternativen ergibt.[213]

Eine Topologieoptimierung kann auf der Ebene der ökonomischen sowie auf der Ebene der technologischen Gestaltungsparameter erfolgen (vgl. Abb. 20).

Nachdem in Abschnitt V.2.1. der zweite der beiden vorgestellten Ansätze zur Realisierung ausgewählt wurde, soll nun geprüft werden, ob alle darin enthaltenen Variablen in das Modell als Input eingehen sollen.[214]

Aus den Untersuchungen in Abschnitt IV.2.2. ergab sich kein eindeutiger Erklärungswert der Variable „Modell mit Vorgänger?". Daher wird diese Variable nicht berücksichtigt. Desweiteren ist die Angabe, ob der Modellzyklus läuft, doppelt vorhanden in den Variablen „MZ gelaufen?" und „% abgelaufener MZ". Da die zweite der beiden Variablen die Informationen der ersten enthält, wird die Dummy-Variable „MZ gelaufen?" überflüssig.

Den dritten Ansatzpunkt für eine Reduzierung der Inputvariablen bilden die eigene Historie sowie die Anzahl der berücksichtigten größten Konkurrenten. Die eigene Historie wird von zehn auf die letzten vier Jahre verkürzt und die Zahl der größten Konkurrenzmodelle im Segment wird von zehn auf drei reduziert. Durch diese Einschränkung dürften keine wesentlichen Informationen verlorengehen.

Abbildung 26 stellt die reduzierte Variablenliste nochmals im Überblick dar. Anhang D-1 zeigt die zugehörige Umsetzung anhand eines Auszuges aus den Daten für die Gesamtbetrachtung auf.

---

[212] Kratzer (1993), S. 148.
[213] Vgl. Moody (1993), S. 156-157.
[214] Das Entfernen redundanter Eingabeinformationen wird auch als Input Pruning bezeichnet (vgl. Lohrbach (1994), S. 47).

1 Output						54 Inputs				
Segmentanteil von Modell m im Jahr t (Output)	Segment (Dummy)	Hersteller (Dummy)	Preis (indexiert auf 1980)	% abge- laufener MZ	Kombi erhältlich? (Dummy)	MER/ GP/ MP (Dummies)	Wieder- vereinigung (Dummy)	eigene Historie (4 Vorjahre)	Anteile der 3 größten Konkur- renzmodelle im Segment

Abb. 26:   Die verwendeten Variablen zur Netzgenerierung

Es sind nun insgesamt 54 Inputvariablen im Modell enthalten. Allein 33 dieser Variablen bilden als Dummies die Herstellerzugehörigkeit ab; diese Anzahl läßt sich jedoch nicht verringern ohne weitere Annahmen in das Modell einfließen zu lassen: Eine Zusammen-fassung von Herstellern würde bedeuten, daß die Modellzyklen dieser Hersteller unge-fähr gleiche Charakteristika aufweisen. Eine solche Gruppierung könnte höchstens in Zusammenarbeit mit einem Experten erfolgen.

Nach der Minimierung der Eingabeneuronen kann nun nach der im vorherigen Abschnitt erwähnten Näherungsformel die Neuronenzahl für die verdeckte Schicht bestimmt wer-den. Als Obergrenze der Neuronenzahl in der verdeckten Schicht ergibt sich eine Zahl von $2 \cdot 54 + 1 = 109$ Neuronen.

Auf Basis dieser reduzierten Netztopologie wurden mit einer Netzspezifikation, die sich in Vorversuchen als recht günstig erwiesen hat, umfangreiche Trainingsreihen durchge-führt (zu den Ergebnissen im Einzelnen siehe Anhang E-1 bis E-12). Die Mittelwerte der Anpassungsgüte dieser Versuchsreihen zeigt für die Gesamtbetrachtung und die größten Segmente A, B und C Abbildung 27.

Typ		Gesamt	Segment A	Segment B	Segment C
dreischichtig	training	88,71	92,96	84,63	94,76
	test	92,10	57,78	80,15	80,64
	production	82,82	75,87	73,42	15,78
	gesamt	88,94	89,14	83,02	93,11
vierschichtig	training	90,11	92,80	85,05	92,26
	test	89,32	57,91	80,43	77,77
	production	82,92	76,88	71,24	16,29
	gesamt	89,42	89,32	83,25	90,58
fünfschichtig	training	91,16	92,73	86,70	92,81
	test	90,04	53,60	82,55	77,49
	production	83,76	76,51	68,81	12,85
	gesamt	89,95	89,01	84,83	90,01

Abb. 27:   Mittelwerte über die Anpassungsgüte (Bestimmtheitsmaß) der untersuchten Netze

Ziel war es dabei zu prüfen, ob sich eine Aussage darüber machen läßt, wie viele Neuronen die Zwischenschicht(en) für das vorliegende Problem enthalten sollten. Anhand der Ergebnisse in Anhang E-1 bis E-12 läßt sich jedoch diesbezüglich keine klare Aussage treffen. Ein Grund dafür ist sicherlich, daß - wie bereits erwähnt - das Training eines KNN kein deterministischer Prozeß ist, der zu einer eindeutigen Lösung führt. Schon die unterschiedliche stochastische Initialisierung der Gewichte kann bei sonst identischen Bedingungen zu unterschiedlichen Ergebnissen führen. Auch die Lernrate und das Momentum üben dabei einen Einfluß aus, der in Abschnitt V.2.5. näher dargestellt wird.

Die Mittelwerte über die Ergebnisse lassen jedoch zwei Aussagen zu:

- Aus der Auswertung der Anpassungsgüte der Produktionsmenge, die beim Lernprozeß nicht verwendet wurde, läßt sich folgern, daß in der vorliegenden Problemdarstellung eine Gesamtbetrachtung von Vorteil ist. Die Ursache hierfür ist darin zu suchen, daß sich bei den Einzelbetrachtungen nur wenige Modellzyklen in der Produktionsmenge befinden (vgl. Abbildung 24), obwohl die diesbezüglich aussichtsreichsten Segmente A, B und C ausgewählt wurden. Eine Gesamtbetrachtung ist daher von Vorteil, da hier die Validierung in der Produktionsmenge in geringerem Umfang datensatzabhängig ist.
- Die Ergebnisse in Abb. 27 veranschaulichen zudem eine Vermutung, aufgrund der auch vier- und fünfschichtige Netze untersucht wurden: Es zeigt sich, daß vier- und besonders fünfschichtige Netze in der Lage sind, mit i.d.R. weniger Verbindungsgewichten eine offenbar bessere interne Repräsentation zu generieren. Eine geringere Zahl an zu berechnenden Gewichten impliziert beim Training zudem eine kürzere Lernzeit.

2.5. Parameteroptimierung

Bei den bisher diskutierten trainierten Netzen wurden aus Gründen der Vergleichbarkeit identische Lernbedingungen gewählt, d.h. die Gewichtsinitialisierungen, die Lernrate, das Momentum, die Lernraten- und Momentum-Steigerung sowie die Aktivierungsfunktionen in den Neuronen waren identisch.

In weiteren Versuchen wurden auch diese Parameter verändert (siehe Anhang E-13). Neben der Verwendung alternativer Aktivierungsfunktionen (logistische Funktion, Sinus, Gauß'sche Glockenkurve, Tangens hyperbolicus mit dem Faktor 1,5) wurden die Initialisierungsgewichte, die Lernrate und das Momentum variiert. Trotz zahlreicher Versuche konnte dabei allerdings nur eine Auswahl an Alternativen trainiert werden.

Als Ergebnis dieser Versuche läßt sich festhalten, daß sich durch diese Variationen keine wesentliche Ergebnisverbesserung bzgl. des Bestimmtheitsmaßes der Produktionsmenge erzielen lassen konnte. Es zeigte sich, daß auch andere Aktivierungsfunktionen als der Tangens hyperbolicus durchaus eine gute Repräsentation des Problems erlauben. Unterschiede ergaben sich lediglich in der Trainingszeit, da die Parameter eine unterschiedliche Konvergenzgeschwindigkeit bedingen.

Variationen der Initialisierungsgewichte sowie besonders von Lernrate und Momentum können grundsätzlich beeinflussen, wie sich das Gradientenabstiegsverfahren des Backpropagation-Algorithmus in dem mehrdimensionalen „Fehlergebirge" eines zu trainierenden Netzes bewegt. Abbildung 28 zeigt verschiedene Arten stationärer Punkte, die eine Steigung von Null in diesem Fehlergebirge aufweisen.

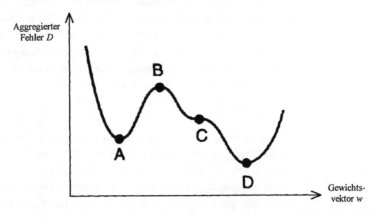

Abb. 28:   Stationäre Punkte in der Fehlerkurve eines BPN[215]

Wünschenswert ist das Erreichen des globalen Minimums D. Oft konvergiert der Algorithmus jedoch in lokalen Minima wie Punkt A. Dann hängt es davon ab, ob die Lernrate als Schrittweite des Lernens und das Momentum als Bewegungsimpuls groß genug gewählt sind, um aus diesem „Tal" herauszuspringen.

Schwierigkeiten bereiten ebenso flache Plateaus wie in Punkt C. Falls die Lernrate in einem solchen Fall zu klein gewählt wird, bewegt sich der Algorithmus in diesem Bereich möglicherweise so langsam weiter, daß zwischenzeitlich die maximale Iterationszahl als Abbruchkriterium erreicht wird.

---

[215] Aus: Bishop (1995), S. 255. Vgl. auch Zell (1994), S. 113.

Letztlich bleibt es dem Anwender überlassen, was für ihn den besten Kompromiß zwischen Genauigkeit und Lerndauer darstellt.[216] Eine zusätzliche Variationsmöglichkeit bietet die Reduzierung von Lernrate und Momentum im Verlauf des Trainingsprozesses.[217] Dadurch wird es für das Netz möglich, zunächst die Grobstruktur des Problems und später die Feinstruktur zu erlernen. Diese Alternative konnte jedoch in den durchgeführten Versuchen nicht berücksichtigt werden.

2.6. Evaluation der generierten Netze

„Ziel der Netzentwicklung ist es, ein Netz zu finden, das mit unbekannten Daten bestmögliche Ergebnisse erreicht."[218] Es bietet sich an, die generierten Netze dazu anhand der vorher separierten Produktionsmenge zunächst zu validieren. Aus den in Anhang E-10 bis E-13 abgebildeten Netzen wird anhand des Bestimmtheitsmaßes für die Produktionsmenge je ein drei-, vier- und fünfschichtiges Netz ausgewählt, das gleichzeitig möglichst wenige Neuronen in der (den) Zwischenschicht(en) aufweist.

Ausgewählt wurden folgende Netze:

Neuronen in Schicht					Anz.	Funktionen in Schicht					Lern-	Momen-	Init.-	R^2		
1	2	3	4	5	Gew.	1	2	3	4	5	rate	tum	gew.	train.	test	prod.
54	19	1			1045	lin-1;1	tanh	logistic			0,2	0,1	0,3	92,03	90,90	85,17
54	13	9	1		828	lin-1;1	tanh	logistic	logistic		0,1	0,3	0,3	92,50	92,25	84,95
54	13	10	8	1	920	lin-1;1	tanh	tanh	logistic	logistic	0,2	0,1	0,3	92,44	90,89	86,62

Abb. 29:   Zur Evaluation ausgewählte Netze

Den ersten Schritt der Evaluation bildet die Überprüfung der Anpassungsgüte der Prognosewerte.

- Anhang F-1 bis F-3 veranschaulichen graphisch ihre Anpassungsgüte (rot) an die historischen Daten (blau). Dabei ist zu beachten, daß die Prognosewerte jedes Jahr durch die wahren Werte der vier Vorjahre leicht korrigiert werden.

Es zeigt sich bei den Zyklen eine recht unterschiedliche Anpassungsgüte: Es gibt unter den Modellen einige (wie z.B. Seat Toledo, Fiat Coupé oder Hyundai Sonata), bei denen de facto keine Übereinstimmung gegeben ist. Das läßt sich daraus erklären, daß es in den Trainingsdaten bei diesen Herstellern kaum Beispielfälle gibt oder es sich um ein für diesen Hersteller ungewöhnliches Modell handelt.

---

[216] Vgl. Poddig (1992), S. 295.
[217] Vgl. Spitzer (1996), S. 60 und Rieß (1994), S. 55-57.
[218] Corsten/ May (1996b), S. 10.

- Nach der Untersuchung der Anpassung an die Produktionsmenge bildet die Sensitivitätsanalyse den zweiten Schritt zur Evaluation der ausgewählten Netze. „Sensitivity analysis looks at each of the inputs and determines how much and what kind of impact a small change in inputs would have on the output."[219]

Für die Sensitivitätsanalyse müssen verschiedene Annahmebündel (Szenarien) gebildet werden, die auf ihre Wirkung hin überprüft werden. Bei der Bildung solcher Annahmebündel ist aber immer zu beachten, daß sie ähnlich den erlernten Mustern sein müssen: „If the input is far away from any training examples then the output of the network cannot be expected to be meaningful."[220]

Die Analyse der vom Netz intern repräsentierten Input-Output-Beziehungen wird wegen der Beschaffenheit der Inputvariablen in zwei Schritten durchgeführt:
- Zunächst wird überprüft, wie gut das als Gesamtbetrachtung generierte Netz den Modellzyklus in Abhängigkeit von Hersteller und Segment schätzt. Alle betrachteten Modelle befinden sich erst in den ersten Jahren ihres MZ.
- Die Auswirkung der anderen Inputdaten - Kombi, MER, GP, MP, Preis, Konkurrenzmodelle und eigene Historie - wird aufgrund des begrenzten Umfanges dieser Arbeit anhand des neu erscheinenden Modells VW Golf IV überprüft.

Als erster Schritt wird die Auswirkung von Hersteller und Segment auf die Anpassungsgenauigkeit mit Hilfe der Abbildungen in Anhang G-1 bis G-3 verdeutlicht. Hier sind die Modellzyklen der bedeutendsten laufenden Modelle dargestellt. Jeweils am Anfang liegen einige historische Werte vor (in blau). Die eigentliche Prognose beginnt erst ab dem Jahr 1997 (rote Kurven).

Hierbei wurden sämtliche Prognosen ohne modellpolitische Maßnahmen oder Veränderungen in der Konkurrenzsituation durchgeführt.

Bei allen drei Netzen existieren einige Modelle, die anhand der internen Repräsentation der Trainingsbeispiele nicht prognostizierbar erscheinen: Als Beispiele seien hier die Modelle Nissan Almera oder Mercedes SLK angeführt. Gerade bei dem Mercedes-Modell wird deutlich: Die Lernbeispiele legen offensichtlich einen Verlauf auf wesentlich höherem Niveau nahe als dies bei diesem Modell der Fall ist. Im Gegensatz dazu gibt es Hersteller wie Renault oder Opel, bei denen eine Prognose offenbar recht gut gelingt. Diese Beispiele zeigen, daß die Netze in der Lage sind, Spezifika von Modellzyklen hersteller-

---

[219] Klimasauskas (1991), S. 16.
[220] Hecht-Nielsen (1989), S. 116.

und segmentspezifisch abzubilden. Die Güte dieser Abbildung hängt offensichtlich in starkem Maße von der Verfügbarkeit ähnlicher Modelle in den Trainingsdaten ab.

Der zweite Teil der Sensitivitätsanalyse wurde anhand der Prognose für den im Oktober 1997 neu erscheinenden VW Golf IV ausgeführt. Dabei wurden die Richtung und Größe der Auswirkung auf den Output von folgenden Variablen bestimmt:

1. Kombi-Einführung und MER (s. Anhang H-1),
2. GP und MP (s. Anhang H-2),
3. Preis (s. Anhang H-3),
4. Konkurrenzmodelle (s. Anhang H-4) und
5. die eigene Historie (s. Anhang H-5).

Nachfolgend werden nur die Ergebnisse für das dreischichtige Netz diskutiert, da die Resultate für die beiden anderen Netze in ihrer Qualität sehr ähnlich waren.

In den Anhängen H-1 bis H-5 sind jeweils mehrere Varianten nebeneinander aufgeführt. Im oberen Tabellenteil sind dabei die veränderten Werte angegeben.

Auffallend ist zunächst das sehr niedrige Niveau der Segmentanteilskurve, wenn noch keinerlei Maßnahmen gesetzt sind (s. Anhang H-1, Alternative 0). Die zusätzliche Kombi-Einführung bringt nur einen geringen, aber in der Richtung nachvollziehbaren Ausschlag (s. Anhang H-1, Alternative 1) mit sich. Die verschiedenen Plazierungen von Modellerweiterungen bewirken dagegen einen sehr starken Ausschlag (s. Anhang H-1, Alternative 2 bis 11). Es ergibt sich im Ganzen ein konsistentes Bild. Auch die Kombination von Kombi-Einführung und MER-Maßnahmen erscheint logisch nachvollziehbar (s. Anhang H-1, Alternative 12). Unverständlich bleibt allerdings, daß eine spätere Kombi-Einführung (s. Anhang H-1, Alternative 13) einen etwas niedrigeren Segmentanteil als ohne Kombi (s. Anhang H-1, Alternative 11) zur Folge haben soll.

Die Auswirkungen von GP und MP (s. Anhang H-2) sind wesentlich schwächer, aber in ihrer Richtung ebenso nachvollziehbar wie die Wirkung von MER. Es treten dabei keine Besonderheiten auf, die hier ausführlicher diskutiert werden müßten.

Die Auswirkung des standardisierten Preises ist dagegen sehr auffällig (s. Anhang H-3): Die resultierende Abweichung der Kurve ist zwar sehr gering, es zeigt sich jedoch, daß der Segmentanteil proportional zum Preis steigt. Eine indirekt proportionale Abhängigkeit wäre hier zu erwarten gewesen.

Ein ähnliches Problem scheint bei den Einflüssen der Konkurrenzmodelle vorzuliegen (s. Anhang H-4). Auch hier liegt eine positive Abhängigkeit für alle drei Variablen vor. Für die Variable „Konkurrent 1" läßt sich aber zumindest eine Erklärung finden: Die Konkurrenzzahlen setzen sich aus den drei im Segment größten Modellen eines Jahres zusammen. Da der VW Golf bisher in seinem Segment i.d.R. das dominierende Modell mit dem höchsten Anteil stellte, erscheint eine positive Abhängigkeit von dieser Variable nicht mehr abwegig.

Die wohl wichtigste dieser Untersuchungen ist die Überprüfung der Abhängigkeit von den eigenen Vergangenheitsdaten (s. Anhang H-5). Für diese Untersuchungen wurden für jedes Jahr in den angegebenen Vorjahresvariablen konstante Werte addiert oder subtrahiert. Die Verschiebung der MZ-Kurve blieb jedoch immer unterhalb dieser Änderungen. Das bedeutet, daß die Vorjahreswerte zwar berücksichtigt werden; dennoch besteht keine reine Abhängigkeit von den Vergangenheitswerten.

Die hier durchgeführten Untersuchungen können nicht umfassend sein, sollen jedoch die wesentlichen Punkte verdeutlichen. In Anknüpfung an die in Kapitel II aufgestellten Anforderungen und Bewertungsmaßstäbe für ein Prognosesystem ist dieser Arbeit daher eine Excel-Datei beigefügt, mit der weitere Prognosen mit anderen Konstellationen der Eingabevariablen auf einfache Weise durchführbar sind.

VI. Probleme und Perspektiven

Nachdem im vorangehenden Kapitel anhand des Beispiels der Prognose von Modellzyklen einige Probleme aufgezeigt wurden, die in der Praxis bei der Anwendung von KNN auftreten können, werden im folgenden die Vor- und Nachteile dieser Methode gegenübergestellt. Den Abschluß bildet ein Ausblick, der Ansatzmöglichkeiten für Weiterentwicklungen des vorliegenden Prognosemodells aufzeigt.

1. Vor- und Nachteile Künstlicher neuronaler Netze

KNN weisen spezifische Leistungsmerkmale auf, die diese Methode vor allem gegenüber dem klassischen statistischen Instrumentarium auszeichnen. Ihr Anwendungsfeld liegt insbesondere dort, wo Daten nur schwer in einfachen Gleichungen und Regeln beschreibbar sind und dadurch herkömmliche Verfahren nicht ausreichend gut funktionieren.[221] KNN und insbesondere BPN-Netze „sind überall dort hilfreich, wo es um *Merkmalsextraktion, Regressionsanalyse* oder *Kontrollprobleme* geht."[222] KNN besitzen die Fähigkeit, Zusammenhänge zwischen Input- und Outputdaten zu identifizieren. Dabei vollziehen sie quasi eine Schätzung der Regressionsparameter für ein nichtlineares Modell inklusive Diskontinuitäten.[223] KNN können aus diesem Grund auch als „Superregression" angesehen werden, da sie eine Verallgemeinerung der traditionellen Regression darstellen.[224] Generell sind KNN in der Lage, allgemeinere Funktionsformen zu verarbeiten als statistische Methoden.[225] Bezüglich der in dieser Arbeit verwendeten Backpropagation-Netze läßt sich feststellen: „mapping networks are, in general, comparable to the best nonlinear statistical regression approaches"[226]. Sie erzielen i.d.R. bessere Funktionsapproximationen. Manche Autoren sehen darin eine neue Wettbewerbssituation für die klassische Statistik: „this technique must be considered as a serious competition of classical (statistical) methods"[227]. In der Tat hat sich seit Gauß an der Regression kaum etwas geändert. „Neurocomputing is now providing a breath of fresh air to this 200 year old subject."[228]

---

[221] Vgl. Cruse/ Leppelmann (1995), S. 171.
[222] Hamilton (1995), S. 135.
[223] Vgl. Gorr (1994), S. 1.
[224] Vgl. Hecht-Nielsen (1989), S. 110, 120.
[225] Vgl. Hecht-Nielsen (1989), S. 120.
[226] Hecht-Nielsen (1989), S. 121.
[227] Henseler (1995), S. 58.
[228] Hecht-Nielsen (1989), S. 121.

Statistische Verfahren beinhalten immer das Hauptproblem, daß man „vor der Datenanalyse eine Annahme über den funktionalen Zusammenhang der Daten machen muß"[229]. In KNN hingegen existieren keine vorgegebenen Entscheidungsregeln wie bei klassischen Methoden oder auch Expertensystemen. „Das Wissen wird vom Netz vielmehr selbst an Beispielen erlernt und dezentral abgelegt."[230]

Dies könnte zu der sehr optimistischen Ansicht führen, daß ein KNN, das sich seine eigene Regelbasis generiert, so 'intelligent' wird, „so that over time it gradually takes over the tasks of a human expert"[231]. Diese Auffassung kann mit den praktischen Ergebnissen dieser Arbeit nicht gestützt werden. Bei der deskriptiven Erfassung von Systemzusammenhängen besteht bei KNN wie bei den verwandten statistischen Verfahren die Gefahr der Bildung von Pseudoabhängigkeiten (d.h. Variablen werden rein statistisch in Verbindung miteinander gebracht).[232] Bei der Anwendung neuronaler Netze gibt es einige Einschränkungen, die nicht unbeachtet bleiben sollten: „Ein neuronales Netz kann kein Problem lösen, welches nicht zumindest in ähnlicher Form in den Trainingsdaten enthalten ist."[233] „Das Netz erkennt nur die in den **gegebenen** Trainingssätzen enthaltenen Muster."[234]

Zusammenfassend ergeben sich folgende Vorteile neuronaler Netze:[235]
- Fähigkeit zur Selbstorganisation/ adaptive Eigenschaften,
- Lernfähigkeit,
- assoziative Fähigkeiten (Analogiebildung, Auffinden von Ähnlichkeiten),
- Verallgemeinerungs-/ Generalisierungsfähigkeit,
- Lernen aus Erfahrung,
- Vertrautheit mit häufigen Ereignissen,
- Extrapolation auf neue (ähnliche) Fälle,
- ein hohes Maß an Flexibilität,
- Fehlertoleranz (Unempfindlichkeit gegenüber Störungen und Defekten),
- Umgehen mit widersprüchlichen Daten / Wissenslücken,
- Ausfallsicherheit,
- Verarbeitung verrauschter Daten,

---

[229] Pietruska (1994), S. 17. Für eine detaillierte Gegenüberstellung der Regressionsanalyse und KNN vgl. auch Pietruska (1994), S. 61-62.
[230] Adam/ Hering/ Welker (1995b), S. 592.
[231] Jones/ Hoskins (1987), S. 162.
[232] Vgl. Faißt (1993), S. 221.
[233] Albit GmbH (1992), S. 27, im Original kursiv.
[234] Adam/ Hering/ Welker (1995b), S. 592.
[235] Vgl. Albit GmbH (1992), S. 27-30, Azoff (1995), S. 3, Corsten/ May (1994), S. 5, Corsten/ May (1996b), S. 4-5, Grauel (1992), S. 169, Mazetti (1992), S. 25.

- Möglichkeit nichtlinearer Modellierung,
- Geschwindigkeit (auf paralleler Hardware),
- das System besitzt eine gewisse Robustheit bezüglich der eingespeicherten Muster, d.h Stabilität bezüglich der Einzugsgebiete der Attraktorgebiete.

Für einen erfolgreichen Einsatz neuronaler Netze sind folgende Voraussetzungen zu beachten:[236]

- Beschaffung geeigneter Daten,
- geschickte Datenkodierung,
- problemadäquate Auswahl bzgl. Netztopologie, Neuronenspezifikation und Lernverfahren sowie
- geeignete Einstellung der zahlreichen Parameter.

Diese Anwendungsvoraussetzungen beinhalten einige Probleme, die in Kapitel V bereits aufgezeigt wurden.

Der Aussage, der erforderliche Implementationsaufwand sei bei KNN eher als gering einzustufen[237], kann aufgrund der in dieser Arbeit gewonnenen Ergebnisse nicht zugestimmt werden, da bei der Anwendung ein erhebliches methodologisches Defizit zutage tritt. Für einen effizienten praktischen Einsatz fehlen

- „gesicherte Aussagen über Einsatzmöglichkeiten und Konfiguration neuronaler Netze,
- allgemein anwendbare Vorschriften zur Adaptionstechnik und zu Struktur und Umfang der Trainingsdatenbasis,
- Erkenntnisse zu sinnvollen und effizienten Codierungstechniken."[238]

Dabei wirft insbesondere die Auswahl einer problemadäquaten Netzstruktur und der zugehörigen Parameter erhebliche Probleme auf. Entscheidungen können hier oft nur nach Daumenregeln und nicht nach objektiven Kriterien getroffen werden. Das Auffinden einer optimalen Konfiguration beruht daher meist auf dem trial-and-error-Vorgehen.[239] Eng verbunden mit diesem Problem ist die Tatsache, daß bisher kaum Gütekriterien entwickelt wurden, die den Grad der Anpassung eines Netzes messen.[240] Eine solche Messung wird dadurch erschwert, daß die Ergebnisse immer datensatzabhängig sind.[241]

---

[236] Vgl. Mechler (1995), S. 70-72.
[237] Vgl. Gaul/ Decker/ Wartenberg (1994), S. 303-304.
[238] Kratzer (1993), S. 199.
[239] Vgl. Corsten/ May (1994), S. 5.
[240] Vgl. Blien/ Lindner (1993), S. 515-516.
[241] Vgl. Adam/ Hering/ Welker (1995b), S. 592.

Darüber hinaus gibt es noch weitere Probleme, die nicht unerwähnt bleiben sollen:[242]

- „Ein wirkliches Verständnis der zugrundeliegenden Problemstruktur wird nicht vermittelt (Black-Box)."[243]
- Eine Interpretation der Verbindungsgewichte ist nur im Ausnahmefall möglich.[244]
- Die Interpretation der Ergebnisse gestaltet sich als schwierig. Die Einzelabläufe innerhalb des Netzes sind nicht überschaubar.
- Lernalgorithmen wie z.B. Backpropagation weisen eine sehr geringe Konvergenzgeschwindigkeit auf.[245]
- Der Lernvorgang kann in lokalen Minima konvergieren.
- Die Softwareentwicklung folgt dem technischen Fortschritt nur mit einer gewissen Verzögerung, so daß neue Erkenntnisse erst zeitversetzt in praktischen Anwendungen berücksichtigt werden können.
- KNN sind schwieriger zu interpretieren, beinhalten mehr zu schätzende Parameter und benötigen mehr Rechenzeit (auf sequentieller Hardware) als statistische Prognosemethoden.[246]

Trotz dieser doch zum Teil noch erheblichen Hindernisse für einen Einsatz neuronaler Netze hat die vorliegende Arbeit gezeigt, daß KNN - besonders im vorliegenden Einsatzgebiet - durchaus eine Methode darstellen, die einsatzfähig ist und - bei Berücksichtigung gewisser Richtlinien - gute Ergebnisse liefert.

2. Ansätze für Erweiterungen des vorgestellten Systems

Die Konstruktion von KNN läßt sich in ökonomische und technologische Gestaltungsparameter einteilen (vgl. Abschnitt V.2.). Auf diesen beiden Ebenen bestehen Ansatzmöglichkeiten zur Verbesserung des vorgestellten Systems.

Bei den ökonomischen Gestaltungsparametern wurden in dieser Arbeit aus Gründen der Verfügbarkeit der Daten ausschließlich objektiv-technologische Variablen berücksichtigt.

---

[242] Vgl. Adam/ Hering/ Welker (1995b), S. 592, Blien/ Lindner (1993), S. 515-516, Grauel (1992), S. 169, Hill et al. (1994), S. 6, Mazetti (1992), S. 25, Poddig (1992), S. 328-331.

[243] Adam/ Hering/ Welker (1995b), S. 592.

[244] Für Erklärungsansätze der Gewichte eines Netzes vgl. Faißt (1993), S. 233 und Pietruska (1994), S. 58.

[245] Dieser Einwand trifft nur auf Software-Simulationen neuronaler Netze auf herkömmlichen sequentiellen Computern zu. Es gibt mittlerweile auch vielfältige Ansätze zur Hardware-Implementierung neuronaler Netze. Als Beispiel sei hier das SYNAPSE-Projekt von Siemens angeführt (vgl. Müller (1993), S. 102-104).

[246] Gerade unter Statistikern wird eine recht kontroverse Diskussion um das Für und Wider eines Einsatzes von KNN geführt (siehe hierzu z.B. Hill et al. (1994)).

Wünschenswert wäre zusätzlich eine Einbeziehung des Produkt- und Firmenimages, der Werbeaufwendungen bzw. des Werbeerfolgs und der Servicequaliltät der Händler.[247] Diese Faktoren könnten dazu beitragen, die Ursache der Beliebtheit einer Marke bzw. eines Modells genauer zu erfassen. Darüber hinaus wäre es von Vorteil, wenn auch Wechselwirkungen zwischen den Produkteigenschaften sowie die subjektive Gewichtung der Produktmerkmale durch die Käufer Eingang in die Betrachtung finden.[248] Problematisch ist dabei jedoch immer die Messung der genannten Variablen, da eine quantitative Erfassung sich wegen des subjektiven Charakters oft als schwierig gestaltet.

Den zweiten Bereich für Verbesserungen stellen die technologischen Gestaltungsparameter dar. Hier bieten sich mehrere Maßnahmen an:[249]
Eine wesentliche Maßnahme ist die Reduzierung der Größe des Problems: Zum einen sollten die verwendeten Variablen genügend aussagekräftig sein, zum anderen sollte die Neuronenzahl sowie die Zahl der Verbindungen zwischen den Neuronen des Netzes möglichst klein sein.
Das Schätzen optimaler Initialisierungsbedingungen eines KNN ist eine weitere naheliegende Verbesserungsmaßnahme, die jedoch - wie die Anwendung in Kapitel V gezeigt hat - wegen der nicht deterministischen Arbeitsweise von KNN nur schwer zu ermitteln sind.
Eine weitere Möglichkeit stellen sophistiziertere Optimierungs-Algorithmen wie GA dar (vgl. den Exkurs in Abschnitt III. 3.). Bisher gibt es allerdings noch kaum Software-Tools, die einen Einsatz von GA so implementieren, daß der Anwender nicht lediglich mit einer Black Box konfrontiert ist.

Um die aus der nicht deterministischen Arbeitsweise von KNN resultierende Unsicherheit über die Güte eines Netzes zu erfassen, bietet sich eine - allerdings sehr zeitintensive - Lösung an: Statt eine bestimmte Netzarchitektur nur einmal mit einer spezifischen Lern- und Testmenge zu trainieren, wird in einem rollierenden Verfahren die Testmenge sooft ausgewechselt, bis alle Datensätze einmal in der Testmenge enthalten waren. Der Mittelwert der Anpassungsgüte aller Trainingsdurchläufe gibt anschließend eine gute Näherung für die tatsächliche Anpassungsfähigkeit an die vorgegebenen Muster.[250]

Eine Verfeinerung des Modells kann auch über den Ablauf des Trainings erreicht werden: Während des Lernprozesses ist es zweckmäßig, die Lernkonstante der Trainings-

---

[247] Vgl. Kellner (1987), S. 120.
[248] Vgl. Schülen (1985), S. 137-138.
[249] Vgl. Cichoki/ Unbehauen (1993), S. 142-143.
[250] Vgl. Hecht-Nielsen (1989), S. 119.

phase anzupassen.[251] Dadurch kann das Lernen mit abnehmender Geschwindigkeit erfolgen, wobei zunächst die Grobstruktur und anschließend die Feinstruktur des Problems gelernt wird.

Den weitestgehenden Verbesserungsschritt könnte eine Änderung der Netzarchitektur erbringen. Die Inputdaten weisen in der Form, wie sie in dieser Arbeit dem Netz präsentiert werden, einen zeitlichen Zusammenhang auf. Einem solchen zeitlichen Bezug trägt das Elman-Netz Rechnung. Elman-Netze sind rekurrente neuronale Netze mit 'Kurzzeitgedächtnis' (s. Abb. 30).

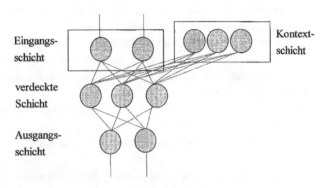

Abb. 30:   Die Struktur eines Elman-Netzes[252]

Die zusätzliche Kontextschicht erfüllt hierbei die Aufgabe, als Kurzzeit- oder Arbeitsgedächtnis beim Training eines neuen Musters insbesondere die unmittelbar vorher trainierten Fälle mit einfließen zu lassen und so einen (zeitlichen) Kontext herzustellen. Vielversprechend erscheint hier vor allem die Ausgestaltung als mitwachsendes Elman-Netz: „Ein sich in seiner Kapazität entwickelndes System ist für das Erlernen komplexer Strukturen besser geeignet als eines, das von Anfang an die volle Kapazität aufweist."[253]

---

[251] Vgl. Spitzer (1996), S. 60.
[252] Eigene Darstellung, in Anlehnung an: Elman (1990), S. 184.
[253] Spitzer (1996), S. 199. Vgl. auch Elman (1991) und Elman (1994).

Anhang A - 1: **Datenbasis Segment A00**

(auf den folgenden beiden Doppelseiten)

Segment A00		Modell	Vor-Jahr	Netto-Preis Jahr (DM)			
Hersteller							
Citroen		Erna / 2 CV	1980	8.865			
Citroen		Dyane	1972	5.215			
Daihatsu		Cuore	1983	8.910			
Daihatsu		Cuore/Micra		10.955			
Daihatsu		Cuore/Micra	1992	12.790			
Daihatsu		Cuore/Micra	1988	12.720			
Fiat		Panda (141A)	1988	11.390			
Fiat		500	1970	3.650			
Fiat		600/700	1969	3.764			
Fiat		126	1981	7.390			
Fiat		Cinquecento	1994	14.625			
Ford		Ka	1996	17.450			
Lancia		Bianchina	1969	4.107			
Lancia		A112	1977	6.150			
Lancia		Y10	1989	14.400			
Renault		R4	1974	5.725			
Renault		Twingo	1995	17.775			
Rover		Mini	1979	7.980			
Seat		Marbella/Panda	1991	10.225			
Suzuki		Alto	1981	9.750			
Suzuki		Alto Works	1990	11.825			

Summe:

Zulassungszahlen in Deutschland (ab 1991: Gesamtdeutschland)

1964	1965	1966	1967	1968	1969	1970	1971	1972	1973	1974	1975	1976	1977	1978	1979	1980	1981	1982	1983	1984	1985	1986	1987	1988	1989	1990	1991	1992	1993	1994	1995	1996
32.503	31.720	36.978	60.250	70.719	98.624	123.387	116.292	114.323	88.121	98.386	81.242	67.056	67.340	77.104	68.369	68.850	72.712	60.860	60.088	50.017	47.350	61.020	68.613	66.692	73.573	77.030	103.647	78.562	76.969	78.046	82.226	92.990

77

Anhang A - 2: **Datenbasis Segment A0**

(auf den folgenden beiden Doppelseiten)

Segment:

Hersteller zugelassen	Modell	A6	Vors. garantie Tage	Netto-Preis DM	Jahr (Preis)
Audi	50				
Citroen	AmB/km Super			9.515	1976
Citroen	Visa (VD)			6.084	1971
Citroen	AX /Nm (RB)			11.250	1984
Citroen	AX / ZA1			10.435	1986
Citroen	Saxo			18.500	1992
Daihatsu	Charade			22.900	1995
Daihatsu	Cuore			11.143	1981
Daihatsu	Charade			13.020	1985
Daihatsu	Charade			17.845	1989
Daihatsu	Charade			16.278	1994
Fiat	Punto850			4.945	1969
Fiat	127			4.575	1972
Fiat	Uno (146A)			17.250	1985
Fiat	Punto			22.850	1994
Ford	Fiesta (GFBT VW)			13.285	1984
Ford	Fiesta (GFJ)			24.900	1995
Honda	City / Jazz			12.190	1985
Kia	Pride			15.490	1995
Mazda	121			16.750	1990
Nissan	Micra (K10)			16.345	1990
Nissan	Micra (K11)			19.445	1994
Nissan	Cona A			21.020	1995
Opel	Corsa B, Tigra			27.540	1984
Peugeot	104			9.760	1977
Peugeot	106			19.590	1980
Peugeot	204			7.135	1970
Peugeot	205			16.300	1993
Renault	R5			10.100	1978
Renault	R5			15.790	1984
Renault	Clio			21.810	1994
Rover	1270 / Mini Club...			4.480	1973
Seat	127 / Fura / 1200			16.990	1989
Seat	Ibiza (S02 / 021A)			16.150	1989
Seat	Ibiza, Cordoba (5...			25.485	1995
Skoda	105 / 120 / Rapid			8.195	1984
Skoda	Favorit / Forman			11.690	1991
Skoda	Felicia (A03)			16.690	1995
Subaru	Justy (AA) /KAD			18.100	1981
Subaru	Justy			20.480	1995
Subaru	Swift (AA)			17.090	1987
Subaru	Sumo (EA)			14.190	1992
Suzuki	Swift			11.100	1986
Toyota	Starlet 1000 (KP			7.990	1978
Toyota	Starlet (KP6 / KF			9.590	1981
Toyota	Starlet (EP70 / P			13.590	1987
Toyota	Starlet			17.110	1996
VW	Käfer			6.880	1980
VW	Käfer (Typ 1+11)			6.550	1973
VW	Polo (AD1) / Der...			10.100	1979
VW	Polo (AD3)			21.990	1996

Summe:

1964	1965	1966	1967	1968	1969	1970	1971	1972	1973	1974	1975	1976	1977	1978	1979	1980	1981	1982	1983	1984	1985	1986	1987	1988	1989	1990	1991	1992	1993	1994	1995	1996
0	0	0	0	0	0	0	0	0	0	9.629	56.456	42.774	15.035	4.095	0	0	0	0	0	0	0	0	0	0	0	0	0	0	0	0	0	0
1.392	1.324	1.516	1.176	769	2.122	3.222	2.055	1.170	1.387	1.077	455	209	9	0	0	0	0	0	0	0	0	0	0	0	0	0	0	0	0	0	0	0
0	0	0	0	0	0	0	0	0	0	0	0	0	2.752	3.731	1.051	707	9.554	11.381	11.032	8.293	834	6.119	5.646	6.986	3.977	1.418	0	0	0	0	0	0
0	0	0	0	0	0	0	0	0	0	0	0	0	0	0	0	0	0	364	834	564	36	0	0	0	0	0	0	0	0	0	0	5.681
0	0	0	0	0	0	0	0	0	0	0	0	0	0	0	0	0	0	0	0	0	0	6.243	10.182	13.750	14.874	24.531	24.274	22.501	14.531	17.016	0	10.903
0	0	0	0	0	0	0	0	0	0	0	0	0	0	0	994	3.540	3.774	2.017	0	0	0	0	0	0	0	0	0	0	0	0	0	0
0	0	0	0	0	0	0	0	0	0	0	0	0	0	0	0	0	0	0	2.662	3.221	4.395	5.223	0	0	0	0	0	0	0	0	0	0
0	0	0	0	0	0	0	0	0	0	0	0	0	0	0	0	0	0	0	0	5.916	5.146	4.298	2.881	5.139	3.541	0	0	2.352	1.483	657	1.877
5.898	26.931	39.300	24.520	18.288	15.642	7.256	9.573	150	0	0	0	0	0	0	0	0	0	0	0	0	0	0	0	0	0	0	0	0	0	0	0
0	0	0	0	0	0	0	9.113	34.348	25.430	17.068	23.893	17.878	22.327	15.843	13.810	14.159	15.770	17.909	11.138	438	0	0	0	0	0	0	0	0	0	0	0
0	0	0	0	0	0	0	0	0	0	0	0	0	0	0	0	0	0	18.260	36.719	37.076	47.949	53.049	48.857	37.927	38.448	51.302	39.172	22.817	2.089	0	0
0	0	0	0	0	0	0	0	0	0	0	0	0	0	0	0	0	0	0	0	0	0	0	0	0	0	0	0	2.672	42.859	60.197	60.111
0	0	0	0	0	0	0	0	0	0	0	0	19.725	67.222	79.958	48.887	86.166	26.782	41.044	66.920	72.951	59.635	78.491	77.401	71.394	15.561	12	0	0	0	0	0
0	0	0	0	0	0	0	0	0	0	0	0	0	0	0	0	0	0	0	0	0	0	54.358	99.544	130.923	122.314	99.772	113.099	101.646	126.045
0	0	0	0	0	0	0	0	0	0	0	0	0	0	0	0	0	0	3.969	3.017	1.990	126	0	0	0	0	0	0	3.274	4.584
0	0	0	0	0	0	0	0	0	0	0	0	0	0	0	0	0	0	0	0	0	2.991	5.989	4.232	7.417	0	0	0	0	0	0	0
0	0	0	0	0	0	0	0	0	0	0	0	0	0	0	0	0	0	0	0	0	0	0	4.947	7.755	6.404	6.536	2.946	4.278
0	0	0	0	0	0	0	0	0	0	0	0	0	0	0	0	0	5.416	11.288	15.370	21.807	21.377	20.802	23.478	26.921	33.172	27.500	10.063	0	0
0	0	0	0	0	0	0	0	0	0	0	0	0	0	0	0	0	0	0	0	0	0	0	0	0	18.751	24.942	25.283	25.855
0	0	0	0	0	0	0	0	0	0	0	0	0	0	0	0	0	31.412	41.885	45.299	45.974	48.400	51.410	51.048	54.929	103.806	78.542	8.997	0	0
0	0	0	0	0	0	0	0	0	0	0	0	0	0	0	0	0	0	0	0	0	0	0	0	0	80.969	129.218	161.816	171.329
0	0	0	0	0	0	0	1.338	7.132	9.391	6.353	6.136	4.383	3.976	4.386	6.092	7.692	4.058	1.441	108	0	0	0	0	0	0	0	0	0	0
0	389	1.007	6.289	9.613	10.406	10.140	14.353	12.843	10.637	6.960	6.220	2.695	39	0	0	0	0	0	0	0	0	0	0	1.161	24.559	33.417	32.529	32.429	34.867
0	0	0	0	0	0	0	5.945	25.777	26.959	27.089	29.166	27.485	27.580	27.806	29.631	25.817	16.425	17.081	7.577	25.996	31.268	32.295	32.927	27.314	24.483	8.496	3.623	0	0
0	0	0	0	0	0	0	0	0	0	0	0	0	0	0	0	0	0	0	0	158	82.279	70.834	47.281	36.139	39.796	32.507
0	0	0	0	0	0	0	864	1.325	2.710	678	20	0	0	0	0	0	0	1.853	1.186	150	2	0	0	0	0	0	0	0	0
0	0	0	0	0	0	0	0	0	0	0	0	0	0	0	0	0	0	0	1.403	3.287	5.065	73.448	7.145	18.624	45.061	30.280	0	0	0
0	0	0	0	0	0	0	0	0	0	0	0	0	0	0	0	0	0	0	0	0	0	0	0	3.903	20.980	35.405	37.463	32.549
0	0	0	0	0	0	3.133	3.450	3.961	3.940	2.974	3.861	1.892	335	48	50	19	10	0	0	0	0	0	52	38	0	0	1.943	0
0	0	0	0	0	0	0	0	0	0	632	2.033	1.994	2.160	2.239	1.609	1.330	1.578	1.923	2.484	3.380	2.622	1.858	914	52	0	0	0	0	0
0	0	0	0	0	0	0	0	0	0	0	0	0	0	0	0	0	0	0	0	672	2.598	1.771	23.912	25.245	19.032	16.463	1.943	0
0	0	0	0	0	0	0	0	0	0	0	0	0	0	0	0	0	0	908	3.034	6.301	6.008	5.107	5.303	4.255	3.689	5.903	3.869	1.539	500	417	18.120	21.187
0	0	0	0	0	0	0	0	0	0	0	0	0	0	0	0	0	0	0	0	0	0	0	0	0	0	1.517	3.240
0	0	0	0	0	0	0	0	0	0	0	0	0	0	0	0	0	2.417	3.596	5.761	1.407	7.000	1.478	0	0	0	0	0	0	0
0	0	0	0	0	0	0	0	0	0	0	0	0	0	0	0	0	0	0	0	0	6.027	10.864	16.059	21.219	23.089	14.724	0	9.918	10.976
0	0	0	0	0	0	0	0	0	0	321	2.705	2.408	2.367	603	0	0	0	0	0	0	0	0	0	0	0	0	0	0	0
0	0	0	0	0	0	0	0	0	0	0	0	0	4.385	8.949	11.638	11.958	7.400	5.781	0	0	0	0	0	0	0	0	0	0	0
0	0	0	0	0	0	0	0	0	0	0	0	0	0	0	0	0	581	14.999	25.531	16.621	11.501	8.830	0	0	7.117	8.928	7.427	9.922	7.464	5.483	0
0	0	0	0	0	0	0	0	0	0	0	0	0	0	0	0	0	0	0	0	0	0	0	0	86	10	0	0	1.173	10.521
417.699	449.891	342.784	292.322	280.284	332.612	371.718	328.372	295.661	269.700	144.427	43.405	19.088	10.525	16.326	20.921	9.638	9.331	6.271	12.622	10.771	5.087	1.343	0	0	0	0	0	0	0
0	0	0	0	0	0	0	0	0	0	42.338	78.921	137.344	113.580	111.571	88.918	58.016	0	0	0	0	0	0	0	0	0	0	0	0	0
0	0	0	0	0	0	0	0	0	0	0	0	0	0	0	0	0	14.487	64.996	81.447	82.065	63.315	78.275	83.961	77.341	65.322	64.931	123.079	114.541	95.961	37.050	0	0
0	0	0	0	0	0	0	0	0	0	0	0	0	0	0	0	0	0	0	0	0	0	0	0	0	0	0	0	19.903	119.027	145.117
428.989	**478.535**	**384.607**	**324.307**	**308.954**	**360.782**	**395.369**	**367.780**	**356.741**	**346.913**	**219.084**	**212.824**	**221.315**	**291.857**	**272.117**	**250.734**	**262.391**	**188.105**	**192.566**	**271.234**	**304.790**	**333.547**	**416.430**	**417.203**	**456.746**	**370.614**	**437.086**	**738.169**	**650.137**	**505.421**	**542.936**	**643.395**	**701.829**

Anhang A - 3: **Datenbasis Segment A**

(auf den folgenden beiden Doppelseiten)

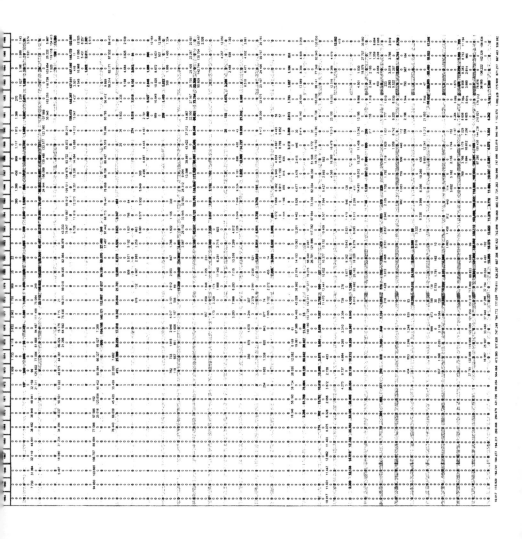

Anhang A - 4: **Datenbasis Segment B**

(auf den folgenden beiden Doppelseiten)

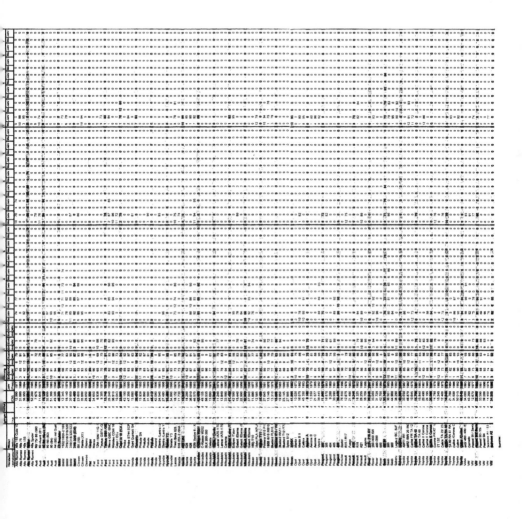

Zulassungszahlen in Deutschland (ab 1991: Gesamtdeutschland)

Anhang A - 5: **Datenbasis Segment C**

(auf den folgenden beiden Doppelseiten)

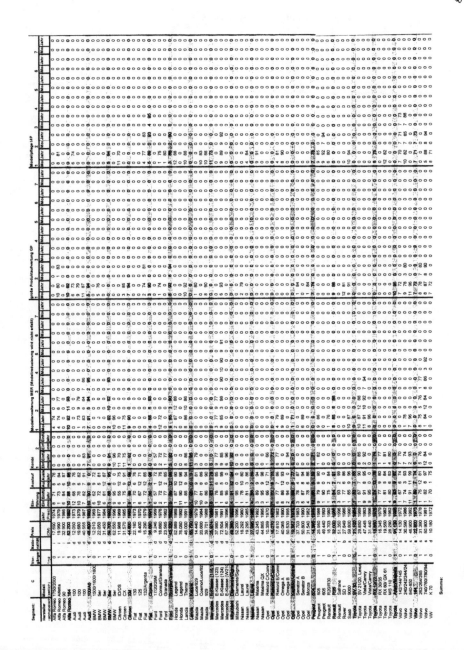

Zulassungszahlen in Deutschland (ab 1991 Gesamtdeutschland)

Anhang A - 6: **Datenbasis Segment D**

(auf den folgenden beiden Doppelseiten)

Segment	D	Ver-	Serien-	Preis	Ein-		Ausstatt		Kombi		Modellverwaltung MER (Modellreduzierung wird nicht erfaßt)	große Produktaufwertung GP	Modellpflege MP

Hersteller	Modell
Audi	V8 (D11)
Audi	V8 (D2)
BMW	2.5 / 3.0 CSi
BMW	
BMW	850/843
BMW	2.8L / 3.0 / 3...
BMW	728/730/732/
BMW	
BMW	728-750
BMW	Z1
Jaguar	XJ/XJS
Mercedes	SL (W113)
Mercedes	SL (W107)
Mercedes	SL (W129)
Mercedes	S (W108/109)
Mercedes	S (W116)
Mercedes	S (W126)
Mercedes	S (W140)
Nissan	280Z / 280Z
Nissan	240 ZX (25)
Peugeot	604
Porsche	911
Toyota	Supra (MA61)
Toyota	Supra (MA70)

Summe:

Zulassungszahlen in Deutschland (ab 1991: Gesamtdeutschland)

Anhang A - 7: **Datenbasis Segment M**

(auf den folgenden beiden Doppelseiten)

Hersteller	Modell	Vor-gänger	Nation (Presse)	Preis (DM)	Jahr	Ein-führung Einf. modul	Jahr	Ausstatt. Ausstatt. modul	Jahr	Kombi Einf. modul	Jahr
Chrysler	Voyager	0	b	57.790	1995	1	96	0		0	
Citroën	Evasion (22)	0	f	50.140	1995	1	95	0		0	
Fiat	Ulysse	0	i	50.950	1995	9	94	0		0	
Honda	Shuttle	0		49.980	1995	5	95	0		0	
Mitsubishi	Space Wagon			24.990	1987	10	83	8	91	0	
Mitsubishi	Space Runner			32.150	1988	2	92	0		0	
Nissan	Prairie (M10 M)	1		19.395	1986	8	83	9	88	0	
Nissan	Prairie (M11 M)	1		32.395	1991	1	89	0		0	
Peugeot	806	0	f	51.290	1995	9	94	0		0	
Renault	Espace	1	f	39.900	1984	3	91	6	91	0	
Renault	Espace II	1	f	53.623	1994	3	91	10	96	0	
Toyota	Previa	0		48.540	1993	9	90	0		0	
Toyota	Picnic	1		38.200	1996	11	95	0		0	
VW	Sharan	0	d	48.500	1995	10	95	0		0	

Summe:

Zulassungszahlen in Deutschland (ab 1991: Gesamtdeutschland)

	1964	1965	1966	1967	1968	1969	1970	1971	1972	1973	1974	1975	1976	1977	1978	1979	1980	1981	1982	1983	1984	1985	1986	1987	1988	1989	1990	1991	1992	1993	1994	1995	1996
	0	0	0	0	0	0	0	0	0	0	0	0	0	0	0	0	0	0	0	0	0	0	0	0	0	0	0	0	0	0	0	0	9.336
																																1.756	1.379
																															1.206	2.863	2.863
																															0	0	4.324
																				445	2.492	2.358	3.068	4.294	3.769	3.449	3.923	2.005	8.177	6.013	6.393	2.276	21.155
																																1.065	1.367
																															0	0	0
																				537	2.231	1.413	1.572	1.464	881	1.544	1.063	2.005	1.671	1.251	1.039	7.127	7.655
																																2.505	0
																															166	2.505
																						1.708	2.570	2.508	3.657	4.846	6.390	1.367	9.356	9.718	10.544	4.205	1.788
																												1.122	4.758	6.938	2.696	2.774	8.244	3.116
																												4.140	0	0	93	0	2.252	0
																												0	0	0	0	0	0	5.111
																												0	0	0	0	0	0	1.470
																												0	0	0	0	0	0	913
	0	0	0	0	0	0	0	0	0	0	0	0	0	0	0	0	0	0	0	983	4.823	5.479	7.210	8.658	8.497	9.839	12.429	16.475	23.964	19.678	21.908	38.345	87.153

95

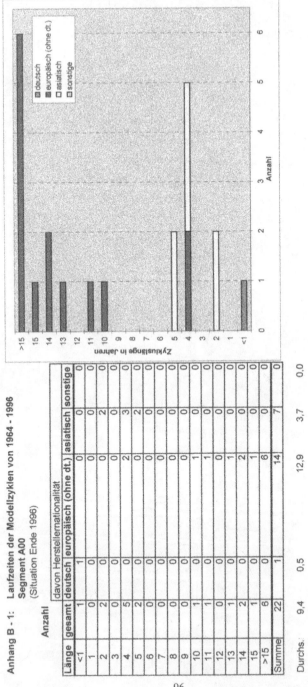

Anhang B - 1: Laufzeiten der Modellzyklen von 1964 - 1996
Segment A00
(Situation Ende 1996)

Anzahl

Länge	gesamt	davon Herstellernationalität			
		deutsch	europäisch (ohne dt.)	asiatisch	sonstige
<1	1	1	0	0	0
1	0	0	0	0	0
2	2	0	0	2	0
3	0	0	0	0	0
4	5	0	2	3	0
5	2	0	0	2	0
6	0	0	0	0	0
7	0	0	0	0	0
8	0	0	0	0	0
9	1	0	1	0	0
10	1	0	1	0	0
11	1	0	1	0	0
12	0	0	0	0	0
13	1	0	1	0	0
14	2	0	2	0	0
15	0	0	0	0	0
>15	6	0	6	0	0
Summe	22	1	14	7	0
Durchs.	9,4	0,5	12,9	3,7	0,0

Anhang B - 2:   Laufzeiten der Modellzyklen von 1964 - 1996
Segment A0
(Situation Ende 1996)

Anzahl

Länge	gesamt	davon Herstellernationalität			
		deutsch	europäisch (ohne dt.)	asiatisch	sonstige
<1	0	0	0	0	0
1	2	0	1	1	1
2	5	1	1	3	3
3	5	0	2	3	3
4	7	2	1	4	4
5	6	0	2	4	4
6	4	1	1	2	2
7	2	0	1	1	1
8	6	1	5	0	0
9	2	0	1	1	1
10	1	1	0	0	0
11	4	0	3	1	1
12	1	0	1	0	0
13	5	2	3	0	0
14	1	0	1	0	0
15	1	0	0	0	0
>15	1	1	0	0	0
Summe	53	9	24	20	0
Durchs.	6,9	8,4	8,3	4,6	0,0

97

Anhang B - 3:   **Laufzeiten der Modellzyklen von 1964 - 1996**
Segment A
(Situation Ende 1996)

Anzahl

Länge	gesamt	davon Herstellernationalität			
		deutsch	europäisch (ohne dt.)	asiatisch	sonstige
<1	1	1	0	0	0
1	4	0	3	1	0
2	8	0	1	6	1
3	10	0	2	8	0
4	20	1	2	17	0
5	18	6	2	10	0
6	9	2	4	3	0
7	8	2	5	1	0
8	10	4	4	2	0
9	5	1	4	0	0
10	2	1	0	0	1
11	2	1	1	0	0
12	2	0	2	0	0
13	2	0	2	0	0
14	1	0	1	0	0
15	1	0	1	0	0
>15	0	0	0	0	0
Summe	103	19	34	48	2
Durchs.:	5,6	6,4	7,2	4,1	6,0

Anhang B - 4:   Laufzeiten der Modellzyklen von 1964 - 1996

Segment B

(Situation Ende 1996)

Anzahl

Länge	gesamt	davon Herstellernationalität			
		deutsch	europäisch (ohne dt.)	asiatisch	sonstige
<1	3	2	1	0	0
1	5	1	1	3	0
2	6	1	1	4	0
3	15	2	3	10	0
4	27	2	1	24	0
5	19	8	3	8	0
6	11	3	3	5	0
7	15	10	2	3	0
8	8	3	5	0	0
9	0	0	0	0	0
10	2	0	2	0	0
11	6	5	1	0	0
12	1	0	1	0	0
13	1	1	0	0	0
14	1	0	1	0	0
15	2	2	2	0	0
>15	2	0	2	0	0
Summe	124	38	29	57	0
Durchs.:	5,6	6,3	7,7	4,0	0,0

Anhang B - 5: Laufzeiten der Modellzyklen von 1964 - 1996
Segment C
(Situation Ende 1996)

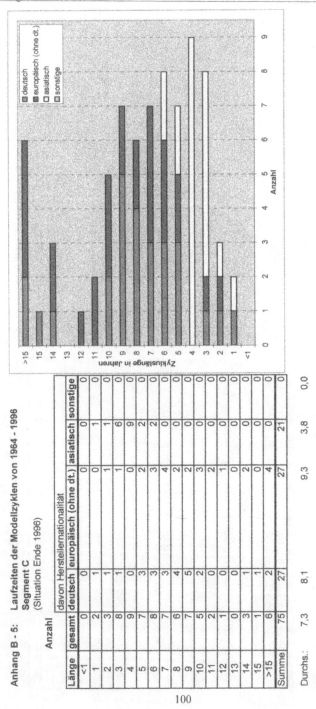

Länge	Anzahl gesamt	davon Herstellernationalität			
		deutsch	europäisch (ohne dt.)	asiatisch	sonstige
<1	0	0	0	0	0
1	2	1	0	1	0
2	3	1	1	1	0
3	8	1	1	6	0
4	9	0	0	9	0
5	7	3	2	2	0
6	8	3	3	2	0
7	7	3	4	0	0
8	6	4	2	0	0
9	7	5	2	0	0
10	5	2	3	0	0
11	2	0	2	0	0
12	1	0	1	0	0
13	0	0	0	0	0
14	3	1	2	0	0
15	1	1	0	0	0
>15	6	2	4	0	0
Summe	75	27	27	21	0
Durchs.:	7,3	8,1	9,3	3,8	0,0

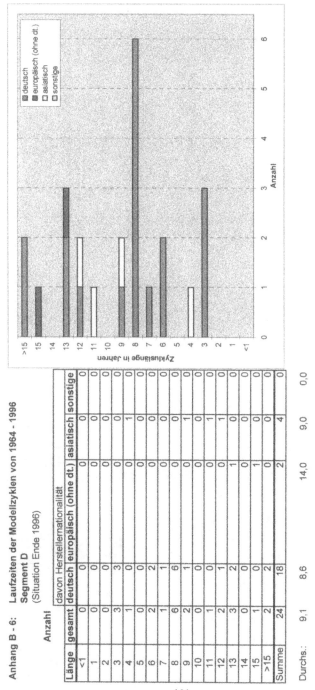

Anhang B - 6: Laufzeiten der Modellzyklen von 1964 - 1996
Segment D
(Situation Ende 1996)

Anzahl

Länge	gesamt	davon Herstellernationalität			
		deutsch	europäisch (ohne dt.)	asiatisch	sonstige
<1	0	0	0	0	0
1	0	0	0	0	0
2	0	0	0	0	0
3	3	3	0	0	0
4	1	0	0	1	0
5	0	0	0	0	0
6	2	2	0	0	0
7	1	1	0	0	0
8	6	6	0	0	0
9	2	1	0	1	0
10	0	0	0	0	0
11	1	0	0	1	0
12	2	1	1	0	0
13	3	2	1	0	0
14	0	0	0	0	0
15	1	0	0	1	0
>15	2	2	0	0	0
Summe	24	18	2	4	0
Durchs.:	9,1	8,6	14,0	9,0	0,0

Anhang B - 7:   Laufzeiten der Modellzyklen von 1964 - 1996
Segment M
(Situation Ende 1996)

Anzahl

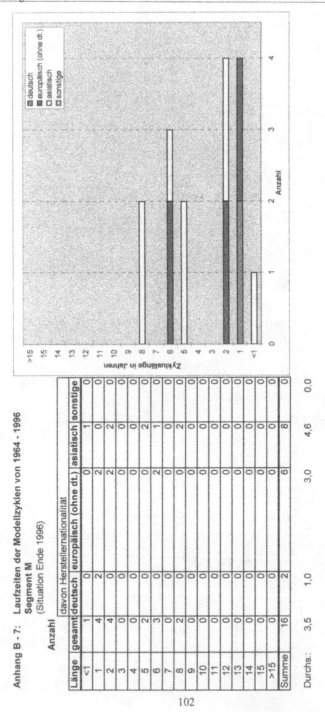

Länge	gesamt	davon Herstellernationalität			
		deutsch	europäisch (ohne dt.)	asiatisch	sonstige
<1	1	0	0	1	0
1	4	2	2	0	0
2	4	0	2	2	0
3	0	0	0	0	0
4	0	0	0	0	0
5	2	0	0	2	0
6	3	0	2	1	0
7	0	0	0	0	0
8	2	0	0	2	0
9	0	0	0	0	0
10	0	0	0	0	0
11	0	0	0	0	0
12	0	0	0	0	0
13	0	0	0	0	0
14	0	0	0	0	0
15	0	0	0	0	0
>15	0	0	0	0	0
Summe	16	2	6	8	0
Durchs.:	3,5	1,0	3,0	4,6	0,0

Anhang B - 8: **Laufzeiten der Modellzyklen von 1964 - 1996**
Gesamt
(Situation Ende 1996)

Anzahl

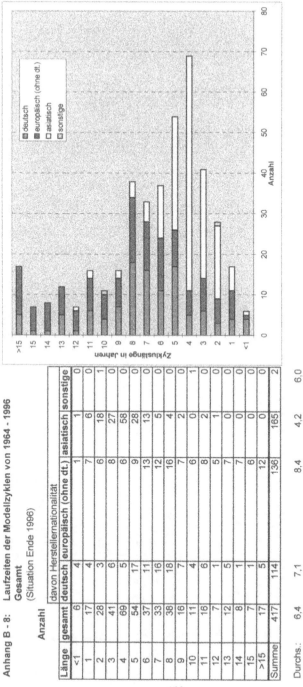

Länge	gesamt	davon Herstellernationalität			
		deutsch	europäisch (ohne dt.)	asiatisch	sonstige
<1	6	4	1	1	0
1	17	4	7	6	0
2	28	3	6	18	1
3	41	6	8	27	0
4	69	5	6	58	0
5	54	17	9	28	0
6	37	11	13	13	0
7	33	16	12	5	0
8	38	18	16	4	0
9	16	7	7	2	0
10	11	4	6	0	1
11	16	6	8	2	0
12	7	1	5	1	0
13	12	5	7	0	0
14	8	1	7	0	0
15	7	1	6	0	0
>15	17	5	12	0	0
Summe	417	114	136	165	2
Durchs.:	6,4	7,1	8,4	4,2	6,0

Anhang C - 1: Segmentanteilsmaxima

Anzahl Modelle	A00	A0	A	B	C	D	M	Ges.
	22	53	103	124	75	24	16	417
Lage der Maxima								
nach x Jahren im MZ								
0-0,9	5	6	11	15	7	0	9	53
1-1,9	4	13	47	63	39	7	5	178
2-2,9	3	15	23	19	10	5	1	76
3-3,9	2	5	11	15	6	2	0	41
4-4,9	0	6	5	6	3	4	0	24
5-9,9	6	7	6	5	9	4	1	38
10-	2	1	0	1	1	2	0	7
nach Anteil x abgelaufenem MZ								
0-0,09	2	2	5	4	1	1	3	18
0,1-0,19	2	4	9	10	12	1	3	41
0,2-0,29	9	5	20	32	17	5	6	94
0,3-0,39	1	10	15	26	18	2	2	74
0,4-0,49	0	6	14	19	7	4	0	50
0,5-0,59	1	11	13	9	9	1	1	45
0,6-0,69	3	6	6	10	3	4	0	32
0,7-0,79	1	7	8	7	2	2	0	27
0,8-0,89	1	1	5	1	2	0	0	10
0,9-0,99	0	0	1	3	2	1	1	8
1	2	1	7	3	2	3	0	18
im Durchschnitt	0,42	0,48	0,46	0,4	0,39	0,52	0,26	0,42

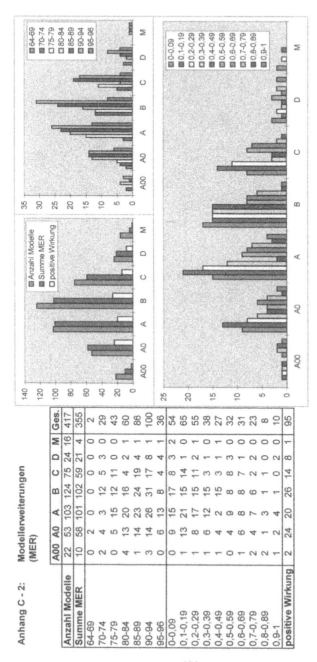

Anhang C - 2:   Modellerweiterungen
                  (MER)

	A00	A0	A	B	C	D	M	Ges.
Anzahl Modelle	22	53	103	124	75	24	16	417
Summe MER	10	58	101	102	59	21	4	355
64-69	0	2	0	0	0	0	0	2
70-74	2	4	3	12	5	3	0	29
75-79	0	5	15	12	11	0	0	43
80-84	4	13	20	16	4	2	1	60
85-89	1	14	23	24	19	4	1	86
90-94	3	14	26	31	17	8	1	100
95-96	0	6	13	8	4	4	1	36
0-0,09	0	9	15	17	8	3	2	54
0,1-0,19	1	13	21	15	14	1	0	65
0,2-0,29	1	8	17	15	11	2	1	55
0,3-0,39	1	6	12	15	3	1	0	38
0,4-0,49	1	4	2	15	3	1	1	27
0,5-0,59	0	4	9	8	8	3	0	32
0,6-0,69	1	6	8	8	7	1	0	31
0,7-0,79	2	4	7	6	2	2	0	23
0,8-0,89	2	1	3	1	1	0	0	8
0,9-1	1	2	4	1	0	2	0	10
positive Wirkung	2	24	20	26	14	8	1	95

Anhang C - 3:   **Große Produktaufwertungen (GP)**

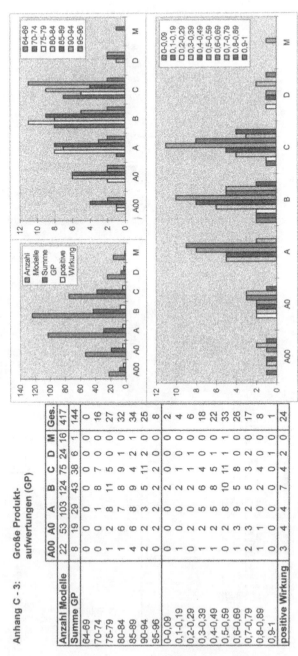

	A00	A0	A	B	C	D	M	Ges.
Anzahl Modelle	22	53	103	124	75	24	16	417
Summe GP	8	19	29	43	38	6	1	144
64-69	0	0	0	0	0	0	0	
70-74	0	2	1	8	7	0	0	16
75-79	1	2	8	11	5	0	0	27
80-84	1	6	7	8	9	1	0	32
85-89	4	6	8	9	4	2	1	34
90-94	2	2	3	5	11	2	0	25
95-96	0	2	2	2	2	0	0	8
0-0,09	0	0	0	2	0	0	0	2
0,1-0,19	1	0	0	2	1	0	0	4
0,2-0,29	0	2	0	2	1	1	0	6
0,3-0,39	1	2	5	6	4	0	0	18
0,4-0,49	1	2	5	8	5	1	0	22
0,5-0,59	0	2	8	10	11	1	1	33
0,6-0,69	1	3	9	5	8	0	0	26
0,7-0,79	2	3	2	5	3	2	0	17
0,8-0,89	1	1	0	2	4	0	0	8
0,9-1	0	0	0	0	0	1	0	1
positive Wirkung	3	4	4	7	4	2	0	24

Anhang C - 4: Modellpflegen (MP)

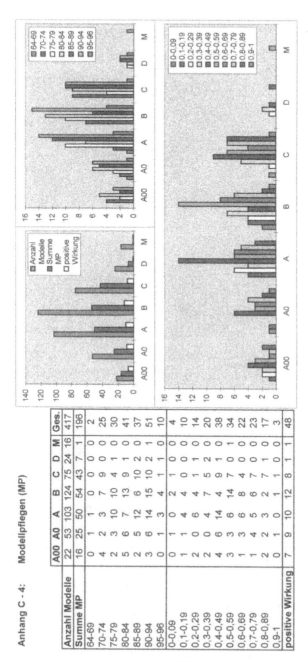

	A00	A0	A	B	C	D	M	Ges.
Anzahl Modelle	22	53	103	124	75	24	16	417
Summe MP	16	25	50	54	43	7	1	196
64-69	0	1	1	0	0	0	0	2
70-74	4	2	3	7	9	0	0	25
75-79	2	3	10	10	4	1	0	30
80-84	5	6	7	13	9	1	0	41
85-89	2	5	12	6	10	2	0	37
90-94	3	6	14	15	10	2	1	51
95-96	0	1	3	4	1	1	0	10
0-0,09	0	1	0	2	1	0	0	4
0,1-0,19	1	1	4	4	0	0	0	10
0,2-0,29	2	0	6	4	1	1	0	14
0,3-0,39	2	0	4	7	5	2	0	20
0,4-0,49	4	6	14	4	9	1	0	38
0,5-0,59	3	3	6	14	7	0	1	34
0,6-0,69	1	3	6	8	4	0	0	22
0,7-0,79	1	4	5	6	7	0	0	23
0,8-0,89	2	2	3	2	7	1	0	17
0,9-1	0	1	0	1	0	0	0	3
positive Wirkung	7	9	10	12	8	1	1	48

Anhang C - 5:   Kombi-Einführungen

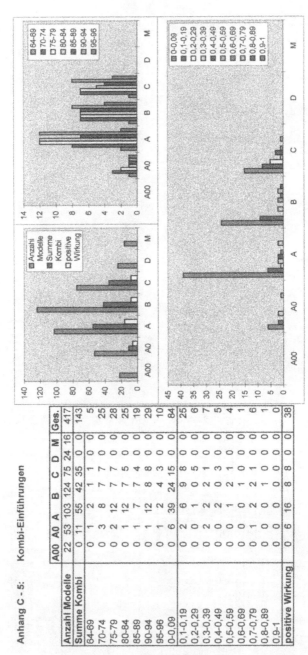

	A00	A0	A	B	C	D	M	Ges.
Anzahl Modelle	22	53	103	124	75	24	16	417
Summe Kombi	0	11	55	42	35	0	0	143
64-69	0	1	2	1	1	0	0	5
70-74	0	3	8	7	7	0	0	25
75-79	0	2	12	7	7	0	0	28
80-84	0	1	12	7	5	0	0	25
85-89	0	1	7	7	4	0	0	19
90-94	0	1	12	8	8	0	0	29
95-96	0	2	2	3	3	0	0	10
0-0,09	0	6	39	24	15	0	0	84
0,1-0,19	0	2	6	9	8	0	0	25
0,2-0,29	0	0	1	0	5	0	0	6
0,3-0,39	0	2	2	2	1	0	0	7
0,4-0,49	0	0	2	2	1	0	0	5
0,5-0,59	0	0	1	2	1	0	0	4
0,6-0,69	0	0	1	0	0	0	0	1
0,7-0,79	0	1	2	2	1	0	0	6
0,8-0,89	0	0	0	1	0	0	0	1
0,9-1	0	0	0	0	0	0	0	0
positive Wirkung	0	6	16	8	8	0	0	38

Anzahl absolut	A00	A0	A	B	C	D	M	Ges.
Anzahl Modelle gesamt	22	53	103	124	75	24	16	417
Anzahl Modelle mit Vorgänger	10	31	61	78	49	13	5	247
positive Wirkung	7	15	25	34	20	7	0	108

Anzahl relativ	A00	A0	A	B	C	D	M	Ges.
Anteil positive Wirkung an Anzahl Vorgänger	0,7	0,5	0,4	0,4	0,4	0,5	0	0,4
Anteil Modelle mit Vorgänger an Anzahl Modelle	0,5	0,6	0,6	0,6	0,7	0,5	0,3	0,6

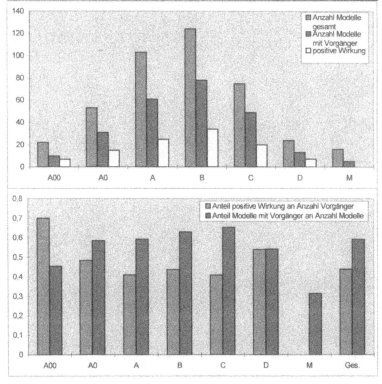

Anhang C - 6: **Modelle mit Vorgänger**

Anhang D - 1: **Auszug aus den Inputdaten für die Gesamtbetrachtung**

(auf der folgenden Dopppelseite)

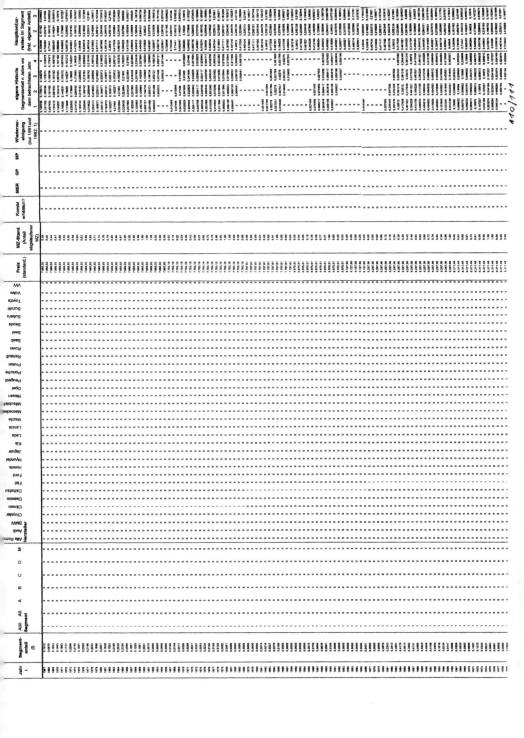

Auswertungen zu Segment A

3-schichtige Netze

Funktionen in den Schichten:
lin-1,1; tanh; logistic

					Lernrate	0,2
					Lernraten-Steigerung	0
					Momentum	0,1
					Momentum-Steigerung	0
					Initialisierungsgewichte	0,3

nachfolgende Angaben in Prozent

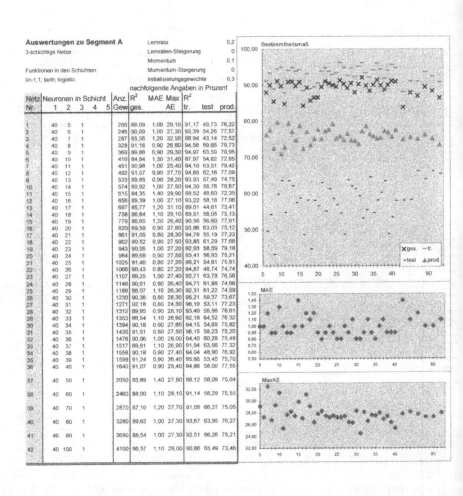

Netz Nr.	Neuronen in Schicht					Anz. Gew	R^2 ges.	MAE	Max AE	R^2 tr.	test	prod.
	1	2	3	4	5							
1	40	5	1			205	88,09	1,00	29,10	91,17	49,73	76,22
2	40	6	1			246	90,09	1,00	27,30	93,39	54,26	77,57
3	40	7	1			287	85,56	1,20	32,50	88,94	43,14	72,52
4	40	8	1			328	91,16	0,90	26,60	94,56	59,85	79,73
5	40	9	1			369	89,86	0,90	29,30	94,97	63,59	70,95
6	40	10	1			410	84,84	1,30	31,40	87,97	54,82	72,85
7	40	11	1			451	90,98	1,00	25,40	94,10	63,51	79,42
8	40	12	1			492	91,07	0,90	27,70	94,85	62,16	77,09
9	40	13	1			533	89,85	0,90	28,20	93,93	57,49	74,75
10	40	14	1			574	90,92	1,00	27,50	94,30	58,76	78,67
11	40	15	1			615	84,35	1,40	29,90	88,52	48,60	72,35
12	40	16	1			656	89,39	1,00	27,10	93,22	58,18	77,06
13	40	17	1			697	85,77	1,20	31,10	89,01	44,61	73,41
14	40	18	1			738	86,64	1,10	29,10	89,51	58,05	75,13
15	40	19	1			779	86,65	1,20	26,40	90,56	56,60	77,61
16	40	20	1			820	89,59	0,90	27,80	93,86	63,03	75,12
17	40	21	1			861	91,09	0,80	28,30	94,78	55,19	77,23
18	40	22	1			902	90,52	0,90	27,50	93,85	61,29	77,66
19	40	23	1			943	90,05	1,00	27,20	92,93	58,59	79,18
20	40	24	1			964	89,68	0,90	27,50	93,41	56,93	75,21
21	40	25	1			1025	91,40	0,80	27,20	96,21	54,61	75,81
22	40	26	1			1066	90,43	0,80	27,20	94,87	48,74	74,74
23	40	27	1			1107	89,25	1,00	27,40	92,71	63,78	76,50
24	40	28	1			1148	90,61	0,90	26,40	94,71	61,98	74,68
25	40	29	1			1189	88,07	1,10	26,30	92,31	61,22	74,69
26	40	30	1			1230	90,38	0,80	28,30	95,21	59,37	73,67
27	40	31	1			1271	92,18	0,80	24,50	96,19	53,11	77,23
28	40	32	1			1312	89,95	0,90	28,10	93,40	55,56	78,61
29	40	33	1			1353	88,54	1,10	26,60	92,18	64,52	76,32
30	40	34	1			1394	90,18	0,90	27,60	94,15	54,69	75,82
31	40	35	1			1435	91,51	0,80	27,50	96,15	58,23	75,20
32	40	36	1			1476	90,06	1,00	28,00	94,40	60,28	75,48
33	40	37	1			1517	88,81	1,10	26,90	91,94	63,56	77,32
34	40	38	1			1558	90,18	0,90	27,40	94,04	48,90	76,92
35	40	39	1			1599	91,24	0,90	26,40	95,66	53,45	75,70
36	40	40	1			1640	91,07	0,90	25,40	94,86	58,00	77,55
37	40	50	1			2050	83,89	1,40	27,80	88,12	58,09	75,04
38	40	60	1			2460	88,00	1,10	28,10	91,14	58,29	75,55
39	40	70	1			2870	87,10	1,20	27,70	91,08	66,27	75,05
40	40	80	1			3280	89,62	1,00	27,30	93,67	63,95	76,27
41	40	90	1			3690	88,54	1,00	27,30	92,51	66,26	75,21
42	40	100	1			4100	86,57	1,10	28,00	90,86	65,49	73,46

Anhang E - 1: Auswertung der generierten dreischichtigen Netze für Segment A

Auswertungen zu Segment A
4-schichtige Netze

Funktionen in den Schichten:
lin-1.1; tanh; logistic; logistic

	Lernrate	0,2
	Lemraten-Steigerung	0
	Momentum	0,1
	Momentum-Steigerung	0
	Initialisierungsgewichte	0,3

nachfolgende Angaben in Prozent

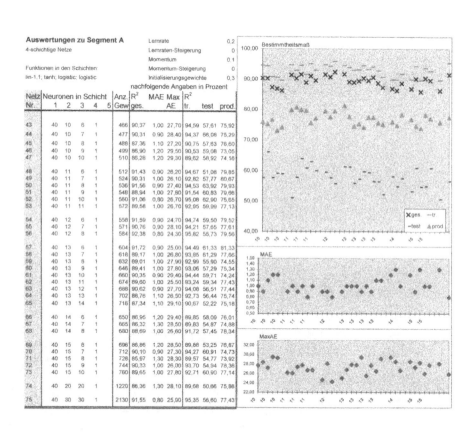

Netz Nr.	\multicolumn{5}{Neuronen in Schicht}	Anz. Gew	R² ges	MAE	Max AE	R² tr.	test	prod.

Netz Nr.	1	2	3	4	5	Anz. Gew	R² ges	MAE	Max AE	R² tr.	test	prod.
43	40	10	6	1		466	90,37	1,00	27,70	94,59	57,61	75,92
44	40	10	7	1		477	90,31	0,90	28,40	94,37	66,08	75,29
45	40	10	8	1		488	87,36	1,10	27,20	90,75	57,63	76,60
46	40	10	9	1		499	86,90	1,20	29,50	90,53	59,08	73,05
47	40	10	10	1		510	86,28	1,20	29,30	89,62	58,92	74,16
48	40	11	6	1		512	91,43	0,90	26,20	94,67	51,08	79,85
49	40	11	7	1		524	90,31	1,00	26,10	92,82	57,77	80,67
50	40	11	8	1		536	91,56	0,90	27,40	94,53	63,92	79,93
51	40	11	9	1		548	88,94	1,00	27,80	91,54	60,83	79,66
52	40	11	10	1		560	91,06	0,80	26,70	95,08	62,90	75,65
53	40	11	11	1		572	89,58	1,00	26,70	92,95	59,99	77,13
54	40	12	6	1		558	91,59	0,90	24,70	94,74	59,50	79,52
55	40	12	7	1		571	90,76	0,90	28,10	94,21	57,65	77,61
56	40	12	8	1		584	92,38	0,80	24,30	95,82	55,73	79,56
57	40	13	6	1		604	91,72	0,90	25,00	94,49	61,33	81,33
58	40	13	7	1		618	89,17	1,00	26,80	93,85	61,29	77,66
59	40	13	8	1		632	89,01	1,00	27,90	92,99	55,90	74,55
60	40	13	9	1		646	89,41	1,00	27,80	93,06	57,29	75,34
61	40	13	10	1		660	90,35	0,90	29,40	94,44	59,71	74,24
62	40	13	11	1		674	89,60	1,00	25,50	93,24	59,34	77,43
63	40	13	12	1		688	90,62	0,90	27,70	94,08	56,51	77,44
64	40	13	13	1		702	88,76	1,10	26,50	92,73	56,44	75,74
65	40	13	14	1		716	87,34	1,10	29,10	90,67	52,22	75,18
66	40	14	6	1		650	86,86	1,20	29,40	89,85	58,09	76,01
67	40	14	7	1		665	86,32	1,30	28,50	89,83	54,87	74,88
68	40	14	8	1		680	88,69	1,00	26,60	91,72	57,45	78,34
69	40	15	6	1		696	86,86	1,20	28,50	89,88	53,25	76,87
70	40	15	7	1		712	90,10	0,90	27,30	94,27	60,91	74,73
71	40	15	8	1		728	85,97	1,30	28,30	89,57	54,77	73,92
72	40	15	9	1		744	90,33	1,00	26,00	93,70	54,94	78,36
73	40	15	10	1		760	89,65	1,00	27,80	92,71	60,90	77,14
74	40	20	20	1		1220	86,36	1,30	28,10	89,68	50,66	75,86
75	40	30	30	1		2130	91,55	0,80	25,90	95,35	56,60	77,43

Anhang E - 2: Auswertung der generierten vierschichtigen Netze für Segment A

Auswertungen zu Segment A
5-schichtige Netze

Funktionen in den Schichten:
lin-1,1; tanh; tanh; logistic; logistic

	Lernrate	0,2
	Lernraten-Steigerung	0
	Momentum	0,1
	Momentum-Steigerung	0
	Initialisierungsgewichte	0,3

nachfolgende Angaben in Prozent

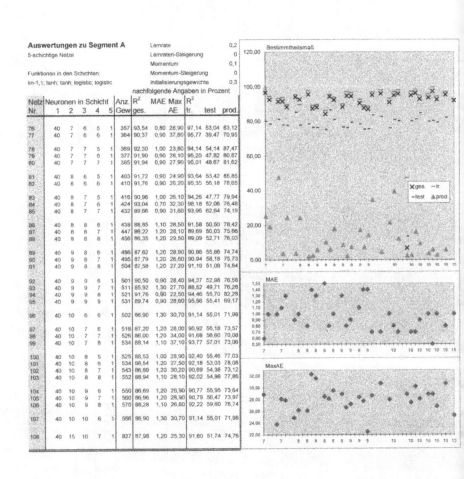

Netz Nr.	Neuronen in Schicht 1	2	3	4	5	Anz. Gew.	R² ges.	MAE	Max AE	R² tr.	test	prod.
76	40	7	6	5	1	357	93,54	0,80	28,90	97,14	53,04	83,12
77	40	7	6	6	1	364	90,37	0,90	37,80	95,77	39,47	70,95
78	40	7	7	5	1	369	92,30	1,00	23,80	94,14	54,14	87,47
79	40	7	7	6	1	377	91,90	0,90	28,10	95,20	47,82	80,87
80	40	7	7	7	1	385	91,94	0,90	27,90	95,01	48,67	81,62
81	40	8	6	5	1	403	91,72	0,90	24,90	93,64	53,42	85,85
82	40	8	6	6	1	410	91,76	0,90	26,20	95,35	56,18	78,65
83	40	8	7	5	1	416	90,96	1,00	26,10	94,26	47,77	79,94
84	40	8	7	6	1	424	93,04	0,70	32,30	98,18	52,06	78,48
85	40	8	7	7	1	432	89,66	0,90	31,60	93,96	62,64	74,19
86	40	8	8	6	1	438	88,85	1,10	28,50	91,58	50,50	78,42
87	40	8	8	7	1	447	86,22	1,20	28,10	89,69	50,03	75,66
88	40	8	8	8	1	456	86,35	1,20	29,50	89,09	52,71	76,03
89	40	9	8	6	1	486	87,62	1,20	28,90	90,86	55,86	74,74
90	40	9	8	7	1	495	87,79	1,20	26,60	90,94	58,18	75,73
91	40	9	8	8	1	504	87,58	1,20	27,20	91,19	51,08	74,64
92	40	9	9	6	1	501	90,50	0,90	28,40	94,37	52,98	76,58
93	40	9	9	7	1	511	85,92	1,30	27,70	88,52	49,71	76,28
94	40	9	9	8	1	521	91,76	0,90	22,50	94,46	55,70	82,28
95	40	9	9	9	1	531	89,74	0,90	28,60	95,56	55,41	69,17
96	40	10	6	6	1	502	86,90	1,30	30,70	91,14	55,01	71,98
97	40	10	7	6	1	518	87,20	1,20	28,00	90,92	56,18	73,57
98	40	10	7	7	1	526	86,00	1,20	34,00	91,68	56,60	70,08
99	40	10	7	8	1	534	88,14	1,10	37,10	93,77	57,01	73,06
100	40	10	8	5	1	525	88,53	1,00	28,90	92,40	55,46	77,03
101	40	10	8	6	1	534	88,54	1,20	27,50	92,18	53,03	78,08
102	40	10	8	7	1	543	86,69	1,20	30,20	90,69	54,38	73,12
103	40	10	8	8	1	552	88,94	1,10	28,10	92,02	54,98	77,85
104	40	10	9	6	1	550	86,69	1,20	28,90	90,77	55,95	73,64
105	40	10	9	7	1	560	86,96	1,20	28,90	90,79	56,47	73,97
106	40	10	9	8	1	570	88,28	1,10	26,80	92,22	59,60	76,74
107	40	10	10	6	1	566	86,90	1,30	30,70	91,14	55,01	71,98
108	40	15	10	7	1	827	87,98	1,20	25,30	91,60	51,74	74,76

Anhang E - 3: Auswertung der generierten fünfschichtigen Netze für Segment A

Auswertungen zu Segment B

3-schichtige Netze

Funktionen in den Schichten
lin-1.1; tanh: logistic

Lernrate	0,2
Lernraten-Steigerung	0
Momentum	0,1
Momentum-Steigerung	0
Initialisierungsgewichte	0,3

nachfolgende Angaben in Prozent

Netz Nr.	| Neuronen in Schicht 1	2	3	4	5	Anz. Gew	R² ges.	MAE	Max AE	R² tr.	test	prod.
1	38	5	1			195	82,88	0,90	26,40	84,07	78,99	73,86
2	38	6	1			234	85,60	0,80	22,00	88,33	79,29	61,08
3	38	7	1			273	80,15	1,10	25,90	81,53	78,93	67,88
4	38	8	1			312	83,18	0,90	28,20	84,37	83,26	72,07
5	38	9	1			351	84,88	0,80	27,40	87,15	79,43	68,10
6	38	10	1			390	82,22	1,00	24,90	83,84	78,62	66,69
7	38	11	1			429	81,46	0,90	28,30	82,76	77,78	76,47
8	38	12	1			468	77,30	1,00	27,40	78,56	79,38	74,83
9	38	13	1			507	83,22	0,90	27,20	84,15	82,24	74,11
10	38	14	1			546	82,90	0,90	26,40	84,39	81,25	77,04
11	38	15	1			585	85,76	0,80	22,86	87,27	82,36	71,94
12	38	16	1			624	85,06	0,80	22,80	87,08	78,85	69,93
13	38	17	1			663	83,01	0,90	25,80	84,36	81,05	72,58
14	38	18	1			702	83,83	0,90	25,60	85,12	82,08	72,63
15	38	19	1			741	78,17	1,10	27,50	78,37	78,06	77,19
16	38	20	1			780	82,18	1,00	26,80	83,58	82,30	73,38
17	38	21	1			819	81,45	1,00	26,30	83,56	77,14	72,96
18	38	22	1			858	81,43	0,90	26,00	84,71	80,79	72,42
19	38	23	1			897	80,70	1,00	25,50	81,54	77,49	74,46
20	38	24	1			936	84,74	0,80	25,00	86,56	78,13	73,31
21	38	25	1			975	82,76	0,80	26,40	84,97	81,29	74,36
22	38	26	1			1014	82,14	0,90	25,80	84,15	79,95	74,05
23	38	27	1			1053	82,40	0,90	26,20	83,97	80,97	77,21
24	38	28	1			1092	82,48	1,00	25,50	84,48	78,81	70,81
25	38	29	1			1131	81,50	1,00	26,80	83,10	81,44	75,81
63	38	30	1			1170	80,96	1,10	25,20	81,71	80,50	78,08
64	38	31	1			1209	85,73	0,80	24,30	87,37	80,84	72,64
65	38	32	1			1248	85,87	0,80	23,00	87,63	80,87	75,56
96	38	33	1			1287	80,22	1,00	26,50	81,24	80,31	73,41
87	38	34	1			1326	83,55	0,90	24,30	84,36	81,74	76,30
68	38	35	1			1365	81,71	1,00	25,70	83,50	80,65	75,28
69	38	36	1			1404	81,56	1,00	26,80	83,19	80,33	73,77
70	38	37	1			1443	85,49	0,80	22,80	86,99	82,32	71,62
71	38	38	1			1482	82,00	0,90	26,50	83,29	83,05	77,45
72	38	39	1			1521	81,22	1,00	25,00	82,44	81,47	75,44
73	38	40	1			1560	82,27	1,00	25,90	84,04	79,03	75,84
74	38	50	1			1950	82,12	1,00	26,10	84,10	79,90	77,81
75	38	60	1			2340	86,43	0,90	20,70	88,64	79,32	73,29
76	38	70	1			2730	87,80	0,80	17,40	90,22	81,67	69,63
77	38	80	1			3120	82,23	0,90	26,10	84,29	79,20	75,33
78	38	90	1			3510	86,60	0,70	21,60	89,02	78,32	74,12
79	38	100	1			3900	87,73	0,80	17,10	90,46	78,03	71,04

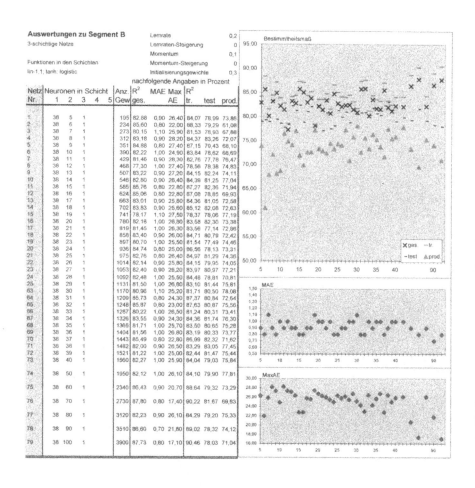

Anhang E - 4: Auswertung der generierten dreischichtigen Netze für Segment B

Auswertungen zu Segment B
4-schichtige Netze

Funktionen in den Schichten:
lin-1,1; tanh; logistic; logistic

	Lernrate	0,2
	Lernraten-Steigerung	0
	Momentum	0,1
	Momentum-Steigerung	0
	Initialisierungsgewichte	0,3

nachfolgende Angaben in Prozent

Netz Nr.	Neuronen in Schicht 1	2	3	4	5	Anz. Gew	R^2 ges.	MAE	Max AE	R^2 tr.	test	prod.
54	38	10	6	1		446	85,68	0,80	22,70	87,47	82,19	67,87
55	38	10	7	1		457	85,33	0,80	23,10	87,39	79,35	68,67
56	38	10	8	1		468	85,03	0,80	24,10	86,78	83,21	67,29
26	38	10	9	1		479	85,52	0,80	23,00	87,05	82,47	72,02
27	38	10	10	1		490	84,92	0,90	24,30	86,63	81,49	67,11
57	38	11	6	1		490	82,22	0,90	27,60	83,76	80,04	74,18
58	38	11	7	1		502	82,56	0,90	27,70	84,90	80,60	73,05
59	38	11	8	1		514	81,01	0,90	27,00	83,13	76,78	71,32
28	38	11	9	1		526	83,32	0,90	26,20	85,26	77,94	66,32
29	38	11	10	1		538	85,16	0,80	24,70	87,08	81,44	68,52
30	38	11	11	1		550	81,61	1,00	28,10	82,95	78,03	72,58
31	38	12	6	1		534	86,23	0,80	23,60	68,56	80,91	67,71
32	38	12	7	1		547	77,85	1,00	27,90	80,33	78,73	73,23
33	38	12	8	1		560	74,82	1,10	28,40	77,01	77,88	73,01
34	38	12	9	1		573	84,01	0,80	26,50	86,57	78,06	69,73
35	38	12	10	1		586	83,75	0,90	25,60	85,74	80,04	69,42
36	38	12	11	1		599	84,82	0,80	26,30	87,12	79,85	71,17
37	38	12	12	1		612	86,92	0,70	20,80	89,94	79,09	65,84
38	38	13	6	1		578	85,58	0,90	17,60	88,04	79,63	67,45
39	38	13	7	1		592	73,45	1,20	28,00	74,81	77,56	72,25
40	38	13	8	1		606	82,53	0,90	27,60	83,73	80,50	73,96
41	38	13	9	1		620	85,27	0,80	25,90	86,66	83,96	73,68
42	38	13	10	1		634	83,23	0,90	27,30	83,98	82,42	74,54
43	38	13	11	1		648	83,94	0,80	27,40	85,40	80,24	73,51
44	38	13	12	1		662	84,64	0,80	27,00	86,33	82,43	69,62
45	38	13	13	1		676	81,26	0,90	27,70	82,58	79,88	76,39
46	38	13	14	1		690	83,49	0,80	26,80	85,33	81,83	72,72
47	38	14	6	1		622	84,11	0,90	24,00	85,79	82,13	71,16
48	38	14	7	1		637	83,88	0,80	26,70	86,05	80,44	72,06
49	38	14	8	1		652	85,82	0,80	23,40	87,78	80,45	70,48
60	38	15	6	1		666	81,37	0,90	27,60	82,70	81,46	75,46
61	38	15	7	1		682	84,36	0,80	23,40	86,14	79,51	71,48
50	38	15	8	1		698	84,71	0,80	25,70	86,04	82,56	73,24
62	38	15	9	1		714	84,53	0,80	25,40	86,24	82,21	72,90
51	38	15	10	1		730	83,01	0,90	26,40	84,26	80,86	71,35
52	38	20	20	1		1180	79,06	1,00	28,60	80,46	79,84	72,95
53	38	30	30	1		2070	85,09	0,80	24,20	86,71	80,02	71,61

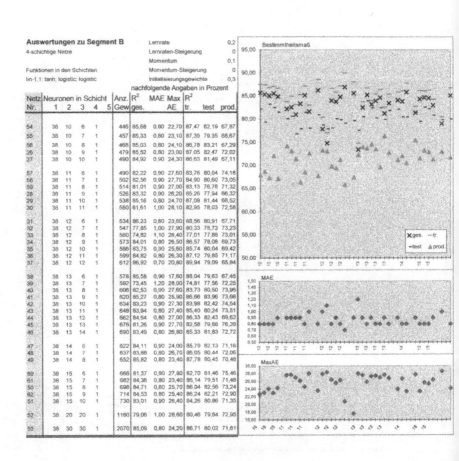

Anhang E - 5: Auswertung der generierten vierschichtigen Netze für Segment B

Auswertungen zu Segment B

5-schichtige Netze

Funktionen in den Schichten:
lin-1,1; tanh; tanh; logistic; logistic

						Lernrate	0,2
						Lernraten-Steigerung	0
						Momentum	0,1
						Momentum-Steigerung	0
						Initialisierungsgewichte	0,3

nachfolgende Angaben in Prozent

Netz Nr.	Neuronen in Schicht 1	2	3	4	5	Anz. Gew	R² ges.	MAE	Max AE	R² tr.	test	prod.
80	38	7	6	5	1	343	83,26	0,80	27,10	85,05	83,79	68,76
81	38	7	6	6	1	350	84,14	0,80	26,40	85,85	85,12	67,70
82	38	7	7	5	1	355	81,85	1,00	28,90	83,31	81,21	67,47
83	38	7	7	6	1	363	83,10	0,90	28,50	84,66	83,66	68,69
84	38	7	7	7	1	371	82,20	0,90	27,40	84,28	79,87	67,02
85	38	8	6	5	1	387	85,58	0,80	21,30	87,91	82,26	63,74
86	38	8	6	6	1	394	85,21	0,80	26,00	87,41	82,44	68,93
87	38	8	7	5	1	400	85,72	0,80	22,50	87,53	83,20	76,67
88	38	8	7	6	1	408	84,30	0,80	28,50	85,87	84,07	76,84
89	38	8	7	7	1	416	85,91	0,80	25,90	87,42	82,92	73,93
90	38	8	8	6	1	422	86,19	0,80	23,10	88,90	82,25	61,56
91	38	8	8	7	1	431	86,39	0,80	22,70	88,19	82,58	74,41
92	38	8	8	8	1	440	84,30	1,00	23,70	86,87	79,91	62,98
93	38	9	8	6	1	468	86,87	0,80	19,20	88,69	82,55	69,24
94	38	9	8	7	1	477	83,73	0,80	26,90	85,17	82,31	71,46
95	38	9	8	8	1	486	78,89	1,00	29,30	80,71	76,87	72,99
96	38	9	9	6	1	483	83,90	0,90	26,60	85,36	80,80	71,33
97	38	9	9	7	1	493	82,21	0,90	28,50	84,22	77,76	69,85
98	38	9	9	8	1	503	84,99	0,80	23,40	87,34	81,52	66,62
99	38	9	9	9	1	513	85,62	0,80	24,00	87,49	81,71	68,42
100	38	10	6	6	1	482	84,31	0,80	26,20	85,78	82,80	73,85
101	38	10	7	6	1	498	85,71	0,80	22,50	87,77	83,09	65,45
102	38	10	7	7	1	506	86,60	0,80	18,80	88,61	84,74	62,10
103	38	10	7	8	1	514	86,76	0,80	19,60	88,77	84,43	64,58
104	38	10	8	5	1	505	87,59	0,80	18,50	90,88	83,68	53,72
105	38	10	8	6	1	514	84,38	0,90	25,80	86,06	81,01	71,62
106	38	10	8	7	1	523	86,65	0,80	21,80	87,78	85,74	79,39
107	38	10	8	8	1	532	84,23	0,80	27,20	85,74	83,91	69,30
108	38	10	9	6	1	530	86,51	0,80	21,80	88,13	85,41	68,50
109	38	10	9	7	1	540	86,41	0,80	20,10	88,86	80,72	65,54
110	38	10	9	8	1	550	83,16	0,90	28,40	84,25	82,28	73,30
111	38	10	10	6	1	546	86,11	0,80	26,50	87,73	85,83	64,77
112	38	15	10	7	1	797	86,67	0,80	17,90	88,51	83,47	70,18

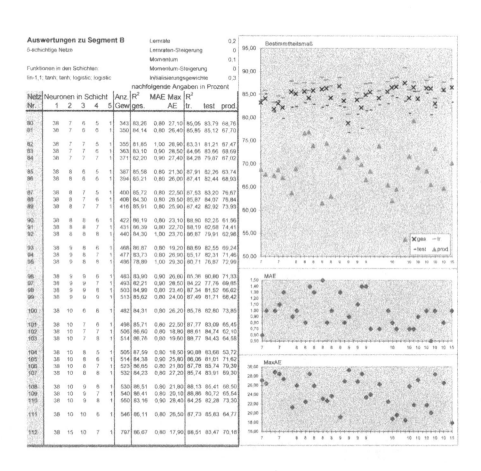

Anhang E - 6: Auswertung der generierten fünfschichtigen Netze für Segment B

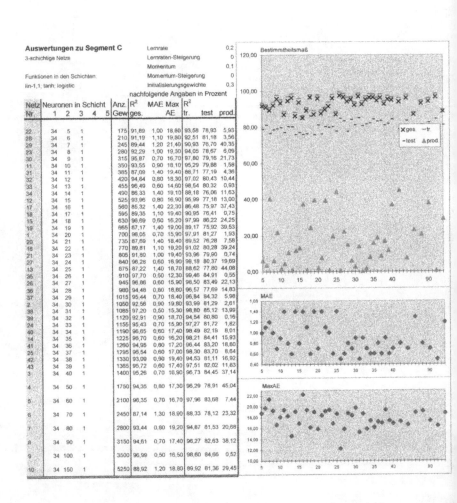

Auswertungen zu Segment C

3-schichtige Netze

Funktionen in den Schichten:

lin-1,1; tanh; logistic

Lernrate 0,2
Lernraten-Steigerung 0
Momentum 0,1
Momentum-Steigerung 0
Initialisierungsgewichte 0,3

nachfolgende Angaben in Prozent

Netz	Neuronen in Schicht					Anz.	R²	MAE	Max	R²		
Nr.	1	2	3	4	5	Gew	ges.		AE	tr.	test	prod.
22	34	5	1			175	91,89	1,00	18,80	93,58	78,93	5,93
28	34	6	1			210	91,19	1,10	19,80	92,51	81,18	3,56
29	34	7	1			245	89,44	1,20	21,40	90,93	76,70	40,35
23	34	8	1			280	92,29	1,00	19,30	94,05	78,67	6,09
30	34	9	1			315	95,87	0,70	16,70	97,80	79,16	21,73
11	34	10	1			350	93,55	0,90	18,10	95,29	79,88	1,58
31	34	11	1			385	87,09	1,40	19,40	88,71	77,19	4,36
32	34	12	1			420	94,84	0,80	18,30	97,02	80,43	10,44
33	34	13	1			455	96,49	0,60	14,60	98,54	80,32	0,93
34	34	14	1			490	86,33	1,40	19,10	88,18	76,06	11,63
12	34	15	1			525	93,96	0,80	16,90	95,99	77,18	13,00
17	34	16	1			560	85,32	1,40	22,30	86,48	75,97	37,43
18	34	17	1			595	89,35	1,10	19,40	90,95	76,41	0,75
15	34	18	1			630	96,69	0,60	16,20	97,99	86,22	24,25
19	34	19	1			665	87,17	1,40	19,00	89,17	75,92	39,53
1	34	20	1			700	96,05	0,70	15,90	97,91	81,27	1,93
20	34	21	1			735	87,69	1,40	18,40	89,52	76,28	7,58
16	34	22	1			770	89,81	1,10	19,20	91,02	80,28	39,24
21	34	23	1			805	91,80	1,00	19,40	93,96	79,90	0,74
27	34	24	1			840	96,28	0,60	16,90	98,18	80,37	19,69
13	34	25	1			875	87,22	1,40	18,70	88,62	77,80	44,08
35	34	26	1			910	97,70	0,50	12,30	99,46	84,91	0,55
26	34	27	1			945	96,86	0,60	15,90	98,50	83,46	22,13
36	34	28	1			980	94,48	0,80	18,60	96,57	77,69	14,83
37	34	29	1			1015	95,44	0,70	18,40	96,84	84,32	5,98
2	34	30	1			1050	92,56	0,90	19,80	93,99	81,29	2,61
38	34	31	1			1085	97,20	0,50	15,30	98,80	85,12	13,99
39	34	32	1			1120	92,91	0,90	18,70	94,54	80,80	0,16
24	34	33	1			1155	95,43	0,70	15,90	97,27	81,72	1,82
40	34	34	1			1190	96,85	0,60	17,40	98,49	82,19	8,01
14	34	35	1			1225	96,70	0,60	16,20	98,21	84,41	15,93
41	34	36	1			1260	94,95	0,80	17,20	96,44	83,20	18,80
25	34	37	1			1295	96,54	0,60	17,00	98,30	83,70	8,64
42	34	38	1			1330	93,09	0,90	19,40	94,53	81,11	16,92
43	34	39	1			1365	95,72	0,60	17,40	97,51	82,02	11,83
3	34	40	1			1400	95,26	0,70	16,90	96,73	84,45	37,14
4	34	50	1			1750	94,35	0,80	17,30	96,29	78,91	45,04
5	34	60	1			2100	96,35	0,70	16,70	97,96	83,68	7,44
6	34	70	1			2450	87,14	1,30	18,90	88,33	78,12	23,32
7	34	80	1			2800	93,44	0,80	19,20	94,87	81,53	20,68
8	34	90	1			3150	94,61	0,70	17,40	96,27	82,63	38,12
9	34	100	1			3500	96,99	0,50	16,50	98,60	84,66	0,52
10	34	150	1			5250	88,92	1,20	18,80	89,92	81,36	29,45

Anhang E - 7: Auswertung der generierten dreischichtigen Netze für Segment C

Auswertungen zu Segment C
4-schichtige Netze

Funktionen in den Schichten:
lin-1,1; tanh, logistic; logistic

			Lemrate	0,2
			Lemraten-Steigerung	0
			Momentum	0,1
			Momentum-Steigerung	0
			Initialisierungsgewichte	0,3
			nachfolgende Angaben in Prozent	

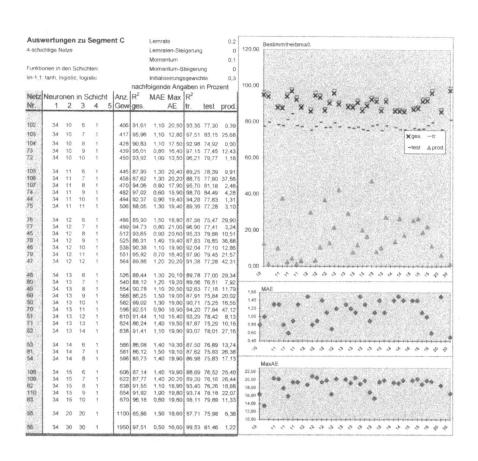

Netz Nr.	\multicolumn{5}{Neuronen in Schicht}	Anz. Gew	R^2 ges.	MAE	Max AE	R^2 tr.	test	prod.

Netz Nr.	1	2	3	4	5	Anz. Gew	R^2 ges.	MAE	Max AE	R^2 tr.	test	prod.
102	34	10	6	1		406	91,61	1,10	20,50	93,35	77,30	0,39
103	34	10	7	1		417	95,96	1,10	12,80	97,51	83,15	25,68
104	34	10	8	1		428	90,83	1,10	17,50	92,98	74,92	0,00
73	34	10	9	1		439	95,01	0,80	16,40	97,15	77,45	12,43
72	34	10	10	1		450	93,92	1,00	13,50	96,21	79,77	1,18
105	34	11	6	1		446	87,99	1,30	20,40	89,25	78,39	9,91
106	34	11	7	1		458	87,62	1,30	20,20	88,75	77,80	37,55
107	34	11	8	1		470	94,06	0,80	17,90	95,70	81,18	2,46
74	34	11	9	1		482	97,02	0,60	15,90	98,70	84,49	4,28
44	34	11	10	1		494	92,37	0,90	19,40	94,28	77,83	1,31
75	34	11	11	1		506	88,05	1,30	19,40	89,39	77,28	3,10
76	34	12	6	1		486	85,90	1,50	18,80	87,58	75,47	29,90
77	34	12	7	1		499	94,73	0,80	21,00	96,90	77,41	3,24
45	34	12	8	1		512	93,65	0,90	20,60	95,33	79,88	10,51
78	34	12	9	1		525	86,31	1,40	19,40	87,83	76,85	36,88
46	34	12	10	1		538	90,38	1,10	19,90	92,04	77,10	12,86
79	34	12	11	1		551	95,92	0,70	16,40	97,90	79,45	21,57
47	34	12	12	1		564	89,88	1,20	20,20	91,38	77,28	42,31
48	34	13	6	1		526	88,44	1,30	20,10	89,78	77,00	29,34
80	34	13	7	1		540	88,12	1,20	19,20	89,56	76,51	7,92
49	34	13	8	1		554	90,78	1,10	20,50	92,63	77,18	11,79
69	34	13	9	1		568	86,25	1,50	19,00	87,91	75,84	20,02
50	34	13	10	1		582	89,02	1,30	19,80	90,71	75,25	16,55
70	34	13	11	1		596	92,51	0,90	16,90	94,20	77,84	47,12
51	34	13	12	1		610	91,44	1,10	15,40	93,29	78,42	8,13
71	34	13	13	1		624	86,24	1,40	19,50	87,87	75,29	10,15
52	34	13	14	1		638	91,41	1,10	19,90	93,07	78,01	27,16
53	34	14	6	1		566	86,08	1,40	19,30	87,50	76,89	13,74
81	34	14	7	1		581	86,12	1,50	19,10	87,62	75,83	26,38
54	34	14	8	1		596	85,73	1,40	19,90	86,98	75,83	17,13
108	34	15	6	1		606	87,14	1,40	19,90	88,69	76,52	25,40
109	34	15	7	1		622	87,77	1,40	20,20	89,20	76,18	26,44
82	34	15	8	1		638	91,55	1,10	18,90	93,40	76,26	18,88
110	34	15	9	1		654	91,92	1,00	19,80	93,74	78,18	22,07
83	34	15	10	1		670	96,18	0,60	19,60	98,11	79,89	11,33
55	34	20	20	1		1100	85,86	1,50	18,60	87,71	75,98	6,38
56	34	30	30	1		1950	97,61	0,50	16,60	99,53	81,46	1,22

Anhang E - 8: Auswertung der generierten vierschichtigen Netze für Segment C

Auswertungen zu Segment C
5-schichtige Netze

Funktionen in den Schichten:
lin-1,1; tanh; tanh; logistic; logistic

	Lernrate	0,2
	Lernraten-Steigerung	0
	Momentum	0,1
	Momentum-Steigerung	0
	Initialisierungsgewichte	0,3

nachfolgende Angaben in Prozent

Netz Nr.	Neuronen in Schicht 1	2	3	4	5	Anz. Gew	R² ges.	MAE	Max AE	R² tr.	test	prod.
57	34	7	6	5	1	315	96,89	0,60	13,10	98,67	80,03	25,21
84	34	7	6	6	1	322	92,56	1,00	17,00	94,47	78,45	19,15
85	34	7	7	5	1	327	91,55	1,00	18,70	93,16	81,23	47,65
86	34	7	7	6	1	335	91,69	1,10	20,80	93,67	78,01	3,58
99	34	7	7	7	1	343	88,37	1,30	21,00	89,70	77,80	24,29
87	34	8	6	5	1	355	94,14	0,90	15,70	95,37	85,31	3,74
00	34	8	6	6	1	382	92,65	1,00	20,90	89,70	77,80	24,29
88	34	8	7	5	1	368	95,55	0,80	12,30	97,61	78,44	1,84
89	34	8	7	6	1	376	87,58	1,40	21,10	89,05	76,57	2,42
90	34	8	7	7	1	384	88,18	1,30	20,60	89,69	76,42	5,53
91	34	8	8	6	1	390	84,32	1,50	20,40	86,23	75,28	10,06
92	34	8	8	7	1	399	94,37	0,80	19,00	96,45	86,63	5,83
93	34	8	8	8	1	408	92,44	1,00	16,30	93,88	81,20	17,86
58	34	9	8	6	1	432	88,41	1,30	20,20	89,87	76,62	8,47
111	34	9	8	7	1	441	94,81	0,80	17,50	97,12	76,26	2,06
59	34	9	8	8	1	450	94,50	0,90	16,70	96,51	79,33	7,26
94	34	9	9	6	1	447	90,53	1,10	21,70	92,51	78,35	17,22
112	34	9	9	7	1	457	87,74	1,40	20,90	89,25	75,42	7,11
95	34	9	9	8	1	487	87,18	1,40	21,00	88,58	75,53	14,10
96	34	9	9	9	1	477	95,29	0,70	18,20	96,79	83,51	34,56
80	34	10	6	6	1	442	96,17	0,70	17,30	97,99	82,80	4,49
61	34	10	7	6	1	458	91,13	1,00	22,20	93,17	76,08	21,46
67	34	10	7	7	1	466	95,23	0,80	17,40	97,08	81,01	39,38
62	34	10	7	8	1	474	95,95	0,70	19,70	98,04	80,19	12,01
66	34	10	8	5	1	465	6,85	4,30	40,40	47,31	13,52	2,34
63	34	10	8	6	1	474	95,24	0,70	18,00	97,27	80,19	2,67
113	34	10	8	7	1	483	96,55	0,70	13,70	98,54	81,34	16,05
60	34	10	8	8	1	492	92,97	0,90	18,80	94,95	84,74	9,47
97	34	10	9	6	1	490	93,86	1,00	18,70	95,81	80,01	3,72
114	34	10	9	7	1	500	97,55	0,50	16,60	99,68	80,35	5,78
98	34	10	9	8	1	510	92,70	1,00	19,20	94,38	79,38	2,70
64	34	10	10	6	1	506	95,55	0,80	14,60	97,23	82,21	5,83
65	34	15	10	7	1	737	92,16	1,00	19,40	93,98	77,10	15,98

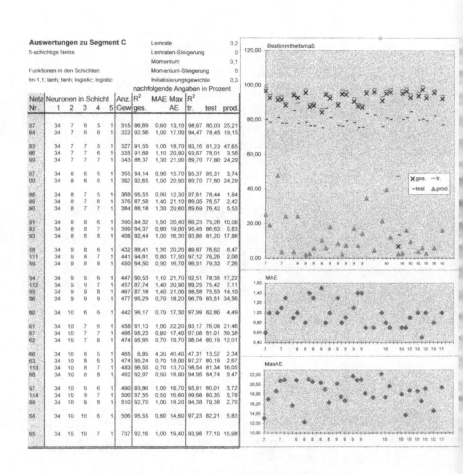

Anhang E - 9: Auswertung der generierten fünfschichtigen Netze für Segment C

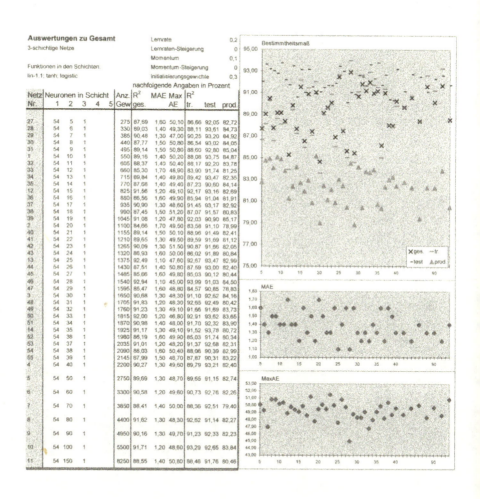

Auswertungen zu Gesamt

3-schichtige Netze

Funktionen in den Schichten:

lin-1.1; tanh; logistic

Lernrate	0,2
Lernraten-Steigerung	0
Momentum	0,1
Momentum-Steigerung	0
Initialisierungsgewichte	0,3

nachfolgende Angaben in Prozent

Netz Nr.	Neuronen in Schicht					Anz. Gew	R^2 ges.	MAE	Max AE	R^2 tr.	test	prod.
	1	2	3	4	5							
27	54	5	1			275	87,69	1,60	50,10	86,66	92,05	82,72
28	54	6	1			330	89,03	1,40	49,30	88,11	93,61	84,73
29	54	7	1			385	90,48	1,30	47,00	90,25	93,20	84,92
30	54	8	1			440	87,77	1,50	50,80	86,54	93,02	84,05
31	54	9	1			495	89,14	1,50	50,80	88,60	92,80	85,04
1	54	10	1			550	89,16	1,40	50,20	88,08	93,75	84,87
32	54	11	1			605	88,37	1,40	50,40	88,17	92,20	83,78
33	54	12	1			660	85,30	1,70	48,90	83,90	91,74	81,25
34	54	13	1			715	89,84	1,40	49,80	89,42	93,47	82,35
35	54	14	1			770	87,68	1,40	49,40	87,23	90,60	84,14
12	54	15	1			825	91,56	1,20	49,10	92,17	93,16	82,69
36	54	16	1			880	86,56	1,60	49,90	85,94	91,04	81,91
37	54	17	1			935	90,90	1,30	48,60	91,45	93,17	82,92
38	54	18	1			990	87,45	1,50	51,20	87,07	91,57	80,83
39	54	19	1			1045	91,08	1,20	47,80	92,03	90,90	85,17
2	54	20	1			1100	84,66	1,70	49,50	83,58	91,10	78,99
40	54	21	1			1155	89,14	1,50	50,10	88,96	91,49	82,41
41	54	22	1			1210	89,65	1,30	49,50	89,59	91,69	81,12
42	54	23	1			1265	90,09	1,30	51,50	90,87	91,66	82,05
43	54	24	1			1320	86,93	1,60	50,00	86,02	91,89	80,84
13	54	25	1			1375	92,49	1,10	47,80	92,67	93,47	82,99
44	54	26	1			1430	87,51	1,40	50,80	87,59	93,00	82,40
45	54	27	1			1485	85,66	1,60	49,80	85,03	90,12	80,44
46	54	28	1			1540	92,94	1,10	45,00	93,99	91,03	84,50
47	54	29	1			1595	85,47	1,60	48,80	84,57	90,85	78,83
3	54	30	1			1650	90,68	1,30	48,30	91,10	92,62	84,16
48	54	31	1			1705	91,83	1,20	48,30	92,65	92,49	80,42
49	54	32	1			1760	91,23	1,30	49,10	91,66	91,69	83,73
50	54	33	1			1815	92,00	1,20	46,80	92,91	93,62	83,65
51	54	34	1			1870	90,98	1,40	48,00	91,70	92,32	83,90
14	54	35	1			1925	91,17	1,30	49,10	91,52	93,78	80,72
52	54	36	1			1980	86,19	1,60	49,90	85,03	91,74	80,34
53	54	37	1			2035	91,01	1,20	48,20	91,37	92,68	82,31
54	54	38	1			2090	88,03	1,60	50,40	88,06	90,39	82,99
55	54	39	1			2145	87,99	1,50	48,70	87,87	90,31	83,22
4	54	40	1			2200	90,27	1,30	49,60	89,79	93,21	82,40
5	54	50	1			2750	89,69	1,30	48,70	89,65	91,15	82,74
6	54	60	1			3300	90,58	1,20	49,60	90,73	92,76	82,26
7	54	70	1			3850	88,41	1,40	50,00	88,36	92,51	79,40
8	54	80	1			4400	91,62	1,30	48,30	92,62	91,14	82,27
9	54	90	1			4950	90,16	1,30	49,70	91,23	92,33	82,23
10	54	100	1			5500	91,71	1,20	48,60	93,29	92,65	83,84
11	54	150	1			8250	88,55	1,40	50,80	88,46	91,76	80,46

Anhang E - 10: Auswertung der generierten dreischichtigen Netze für die
Gesamtbetrachtung

Auswertungen zu Gesamt
4-schichtige Netze

Funktionen in den Schichten:
lin-1,1; tanh; logistic; logistic

	Lernrate	0,2
	Lernraten-Steigerung	0
	Momentum	0,1
	Momentum-Steigerung	0
	Initialisierungsgewichte	0,3

nachfolgende Angaben in Prozent

Netz Nr.	Neuronen in Schicht					Anz. Gew	R^2 ges.	MAE	Max AE	R^2 tr.	test	prod.
	1	2	3	4	5							
56	54	8	8	1		504	87,83	1,50	50,30	87,41	91,43	81,60
57	54	9	8	1		566	89,28	1,40	50,60	89,66	90,37	82,27
58	54	9	9	1		576	88,28	1,50	48,70	88,37	90,57	83,02
59	54	10	8	1		628	87,74	1,40	48,40	87,79	92,05	84,47
60	54	10	9	1		639	89,74	1,40	49,50	90,47	92,36	84,72
61	54	10	10	1		650	88,35	1,50	50,30	88,89	91,34	83,45
62	54	11	8	1		690	89,26	1,40	51,60	90,21	90,80	81,17
63	54	11	9	1		702	89,26	1,40	50,90	89,86	89,19	84,38
64	54	11	10	1		714	86,50	1,60	49,60	87,43	1,60	49,60
65	54	11	11	1		726	88,97	1,40	50,40	89,03	90,53	83,62
66	54	12	8	1		752	90,13	1,40	50,50	90,60	93,22	83,82
67	54	12	9	1		765	89,97	1,40	49,70	90,02	92,76	85,82
68	54	12	10	1		778	86,04	1,50	50,40	86,45	89,87	82,28
69	54	12	11	1		791	87,34	1,40	48,40	87,70	89,43	84,28
15	54	12	12	1		804	91,00	1,30	49,40	91,96	90,95	83,90
70	54	13	8	1		814	90,24	1,40	49,60	90,60	92,52	83,04
71	54	13	9	1		828	89,98	1,30	50,50	90,87	91,28	85,14
72	54	13	10	1		842	89,21	1,40	50,90	89,70	90,19	85,05
73	54	13	11	1		856	90,39	1,30	49,40	90,79	92,27	82,04
16	54	13	12	1		870	90,31	1,40	48,70	90,33	92,36	82,74
17	54	13	13	1		884	89,44	1,40	49,80	90,15	92,69	83,15
74	54	14	8	1		876	88,85	1,40	51,00	90,38	91,64	80,83
75	54	14	9	1		891	88,33	1,40	49,20	88,67	90,96	82,78
76	54	14	10	1		906	87,89	1,40	51,30	87,84	90,28	82,36
77	54	14	11	1		921	87,15	1,40	50,80	86,92	90,70	83,05
78	54	14	12	1		936	89,55	1,40	49,90	89,97	90,12	64,28
18	54	14	13	1		951	89,70	1,30	47,90	91,31	91,74	82,12
79	54	14	14	1		966	90,65	1,20	47,80	92,30	89,30	83,14
80	54	15	8	1		938	89,65	1,40	49,90	89,53	91,48	83,79
81	54	15	9	1		954	90,28	1,30	50,30	90,83	91,55	81,65
19	54	15	10	1		970	89,25	1,40	50,40	90,42	91,87	83,55
82	54	15	11	1		986	90,14	1,40	50,40	90,85	90,97	83,34
20	54	15	12	1		1002	88,26	1,50	50,40	88,18	90,79	83,13
83	54	15	13	1		1018	90,85	1,30	49,20	91,83	91,25	79,35
21	54	15	14	1		1034	89,31	1,30	51,30	89,02	92,24	83,18
84	54	16	10	1		1034	91,73	1,30	48,20	92,41	91,70	84,51
22	54	17	10	1		1098	90,58	1,30	45,40	94,19	87,27	84,39
85	54	18	10	1		1162	90,71	1,30	50,00	91,68	89,84	83,66
86	54	19	10	1		1226	87,82	1,40	51,40	88,45	89,31	82,34
87	54	20	10	1		1290	92,03	1,10	48,30	93,42	90,37	86,45
88	54	30	10	1		1930	88,77	1,40	51,40	90,22	86,66	83,01

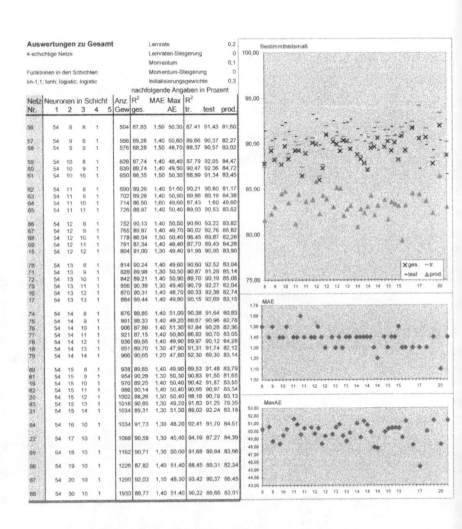

Anhang E - 11: Auswertung der generierten vierschichtigen Netze für die Gesamtbetrachtung

Auswertungen zu Gesamt
5-schichtige Netze

Funktionen in den Schichten:
lin-1,1; tanh; tanh; logistic; logistic

	Lernrate	0,2
	Lernraten-Steigerung	0
	Momentum	0,1
	Momentum-Steigerung	0
	Initialisierungsgewichte	0,3

nachfolgende Angaben in Prozent

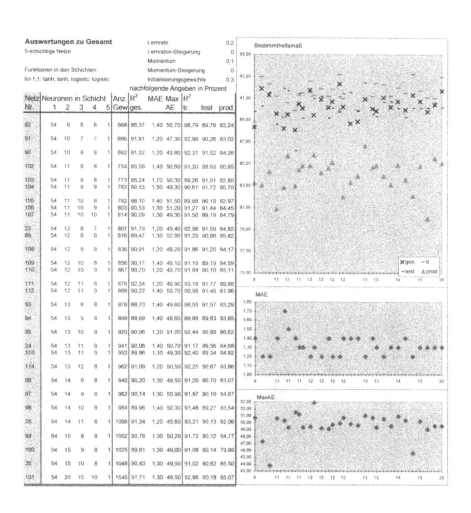

Netz Nr.	Neuronen in Schicht 1	2	3	4	5	Anz. Gew	R² ges.	MAE AE	Max	R² tr.	test	prod.
92	54	8	8	8	1	568	88,37	1,40	50,70	88,79	89,79	83,24
91	54	10	7	7	1	666	91,91	1,20	47,30	92,98	90,26	83,02
90	54	10	8	8	1	692	91,32	1,20	43,80	92,31	91,52	84,26
102	54	11	8	8	1	754	89,59	1,40	50,60	91,20	88,63	80,85
103	54	11	9	8	1	773	88,24	1,70	50,30	89,26	91,91	82,80
104	54	11	9	9	1	783	89,53	1,50	49,30	90,61	91,72	85,70
105	54	11	10	8	1	792	88,10	1,40	51,50	89,88	86,18	82,97
106	54	11	10	9	1	803	90,53	1,30	51,20	91,27	91,44	84,45
107	54	11	10	10	1	814	90,09	1,30	49,30	91,50	89,19	84,79
23	54	12	8	7	1	807	91,79	1,20	49,40	92,58	91,59	84,82
89	54	12	8	8	1	816	89,47	1,30	52,90	91,25	90,98	85,82
108	54	12	9	8	1	836	90,91	1,20	49,20	91,86	91,20	84,17
109	54	12	10	8	1	856	90,17	1,40	49,10	91,19	89,19	84,59
110	54	12	10	9	1	867	90,70	1,20	49,70	91,84	90,10	85,11
111	54	12	11	8	1	876	92,34	1,20	49,90	93,18	91,17	89,88
112	54	12	11	9	1	888	90,22	1,40	50,70	90,98	91,45	81,96
93	54	13	8	8	1	878	88,70	1,40	49,80	88,55	91,57	83,29
94	54	13	9	8	1	899	88,89	1,40	49,60	89,88	89,83	83,85
95	54	13	10	8	1	920	90,96	1,20	51,00	92,44	90,89	86,62
24	54	13	11	8	1	941	90,05	1,40	50,70	91,17	89,56	84,68
113	54	13	11	9	1	953	89,86	1,30	49,30	92,40	89,34	84,82
114	54	13	12	8	1	962	91,09	1,20	50,50	92,25	90,67	83,86
96	54	14	8	8	1	940	90,20	1,30	49,50	91,20	90,70	83,07
97	54	14	9	8	1	962	90,74	1,30	50,90	91,97	90,10	84,87
98	54	14	10	8	1	984	89,96	1,40	50,30	91,48	89,27	83,54
25	54	14	11	8	1	1006	91,34	1,20	45,60	93,21	90,13	82,06
99	54	15	8	8	1	1002	90,76	1,30	50,20	91,72	90,12	84,77
100	54	15	9	8	1	1025	89,81	1,30	49,00	91,08	90,14	79,99
26	54	15	10	8	1	1048	90,43	1,30	49,50	91,02	90,62	85,50
101	54	20	15	10	1	1540	91,71	1,30	49,50	92,96	90,18	85,07

Anhang E - 12: Auswertung der generierten fünfschichtigen Netze für die Gesamtbetrachtung

Auswertungen zu Gesamt

Netze mit variierten Parametern und Funktionen

Netz Nr	Alter- native	\multicolumn{5}{c}{Neuronen in Schicht}	Anz. Gew	\multicolumn{5}{c}{Funktionen in Schicht}	Lern- rate	Momen- tum	Initiali- sierungs- gewichte	R² ges.	MAE	Max AE	R² tr.	test	prc
		1	2	3	4	5		1	2	3	4	5								
	a	54	9	1			495	linear -1;1	tanh	logistic			0,2	0,1	0,1	87,58	1,50	49,80	86,09	93,28	83
	b	54	9	1			495	linear -1;1	tanh	logistic			0,2	0,1	0,2	87,86	1,50	50,90	86,56	92,99	83
	c	54	9	1			495	linear -1;1	tanh	logistic			0,1	0,3	0,1	86,95	1,50	49,60	85,80	92,45	84
	d	54	9	1			495	linear -1;1	tanh	logistic			0,1	0,3	0,3	86,54	1,50	50,90	85,61	91,53	82
	e	54	9	1			495	linear -1;1	tanh15	logistic			0,2	0,1	0,3	87,02	1,60	50,90	85,89	92,14	81
	f	54	9	1			495	linear -1;1	tanh15	logistic			0,2	0,1	0,1	87,94	1,60	51,00	86,00	93,47	83
	g	54	9	1			495	linear -1;1	logistic	logistic			0,2	0,1	0,3	91,17	1,20	48,60	90,93	93,01	84
	h	54	9	1			495	linear -1;1	sin	logistic			0,2	0,1	0,3	88,46	1,50	49,80	87,35	93,20	82
	i	54	9	1			495	linear -1;1	gauß	logistic			0,2	0,1	0,3	83,08	1,70	49,20	83,88	86,45	80
	j	54	5/4	1			495	linear -1;1	tanh/gauß	logistic			0,2	0,1	0,3	89,21	1,50	47,70	89,49	92,75	84
	k	54	5/4	1			495	linear -1;1	tanh/tanh15	logistic			0,2	0,1	0,3	87,81	1,50	50,90	87,02	91,71	82
	l	54	5/4	1			495	linear -1;1	tanh15/logistic	logistic			0,2	0,1	0,3	87,35	1,60	51,30	85,87	92,76	84
	m	54	5/4	1			495	linear -1;1	logistic/gauß	logistic			0,2	0,1	0,3	89,26	1,50	49,40	88,50	92,58	86
	a	54	19	1			1045	linear -1;1	tanh	logistic			0,2	0,1	0,1	90,49	1,30	47,80	90,98	93,75	83
	b	54	19	1			1045	linear -1;1	tanh	logistic			0,2	0,1	0,2	88,04	1,50	48,30	87,38	91,61	84
	c	54	19	1			1045	linear -1;1	tanh	logistic			0,1	0,3	0,1	89,98	1,40	48,30	90,30	91,33	83
	d	54	19	1			1045	linear -1;1	tanh	logistic			0,1	0,3	0,3	85,26	1,70	51,60	83,84	90,80	81
	e	54	19	1			1045	linear -1;1	tanh15	logistic			0,2	0,1	0,3	92,29	1,30	47,90	92,47	93,63	83
	f	54	19	1			1045	linear -1;1	tanh15	logistic			0,2	0,1	0,1	89,30	1,40	49,90	88,16	93,96	84
	g	54	19	1			1045	linear -1;1	logistic	logistic			0,2	0,1	0,3	86,29	1,60	50,00	85,13	91,31	81
	h	54	19	1			1045	linear -1;1	sin	logistic			0,2	0,1	0,3	91,98	1,30	46,60	92,32	93,43	85
	i	54	19	1			1045	linear -1;1	gauß	logistic			0,2	0,1	0,3	89,50	1,50	51,20	90,05	89,57	82
	j	54	10/9	1			1045	linear -1;1	tanh/gauß	logistic			0,2	0,1	0,3	87,98	1,60	50,90	87,82	91,48	83
	k	54	10/9	1			1045	linear -1;1	tanh/tanh15	logistic			0,2	0,1	0,3	91,99	1,20	47,70	92,61	93,49	84
	l	54	10/9	1			1045	linear -1;1	tanh15/logistic	logistic			0,2	0,1	0,3	91,00	1,30	48,40	91,24	91,71	86
	m	54	10/9	1			1045	linear -1;1	logistic/gauß	logistic			0,2	0,1	0,3	83,72	1,60	49,80	83,09	88,89	78
	a	54	12	9	1		765	linear -1;1	tanh	logistic	logistic		0,2	0,1	0,1	89,69	1,40	48,70	90,26	89,85	85
	b	54	12	9	1		765	linear -1;1	tanh	logistic	logistic		0,2	0,1	0,2	89,01	1,40	48,10	89,47	90,61	84
	c	54	12	9	1		765	linear -1;1	tanh	logistic	logistic		0,1	0,3	0,1	92,10	1,20	47,50	93,04	91,43	83
	d	54	12	9	1		765	linear -1;1	tanh	logistic	logistic		0,1	0,3	0,3	89,81	1,40	49,70	89,70	92,13	83
	e	54	12	9	1		765	linear -1;1	tanh15	logistic	logistic		0,2	0,1	0,3	88,28	1,40	52,10	88,57	90,33	84
	f	54	12	9	1		765	linear -1;1	tanh15	logistic	logistic		0,2	0,1	0,1	91,48	1,30	50,30	92,10	91,89	84
	g	54	12	9	1		765	linear -1;1	logistic	logistic	logistic		0,2	0,1	0,3	87,57	1,50	50,40	87,14	90,94	83
	h	54	12	9	1		765	linear -1;1	sin	logistic	logistic		0,2	0,1	0,3	88,89	1,40	51,00	89,83	91,24	83
	i	54	12	9	1		765	linear -1;1	gauß	logistic	logistic		0,2	0,1	0,3	87,67	1,70	50,20	90,50	83,90	84
	a	54	13	9	1		828	linear -1;1	tanh	logistic	logistic		0,2	0,1	0,1	91,56	1,30	49,60	92,50	92,25	84
	b	54	13	9	1		828	linear -1;1	tanh	logistic	logistic		0,2	0,1	0,2	90,23	1,30	49,00	91,00	91,75	83
	c	54	13	9	1		828	linear -1;1	tanh	logistic	logistic		0,1	0,3	0,1	90,86	1,30	48,50	91,50	91,60	84
	d	54	13	9	1		828	linear -1;1	tanh	logistic	logistic		0,1	0,3	0,3	89,08	1,40	50,80	89,92	92,02	84
	e	54	13	9	1		828	linear -1;1	tanh15	logistic	logistic		0,2	0,1	0,3	91,45	1,20	49,10	92,81	90,34	84
	f	54	13	9	1		828	linear -1;1	tanh15	logistic	logistic		0,2	0,1	0,1	90,66	1,30	50,60	91,56	91,19	83
	g	54	13	9	1		828	linear -1;1	logistic	logistic	logistic		0,2	0,1	0,3	88,02	1,40	50,30	87,88	90,74	83
	h	54	13	9	1		828	linear -1;1	sin	logistic	logistic		0,2	0,1	0,3	91,53	1,20	43,30	93,11	90,67	83
	i	54	13	9	1		828	linear -1;1	gauß	logistic	logistic		0,2	0,1	0,3	87,07	1,50	48,60	88,82	89,34	82
	a	54	12	8	8	1	816	linear -1;1	tanh	tanh	logistic	logistic	0,2	0,1	0,1	90,34	1,30	51,60	91,43	91,27	84
	b	54	12	8	8	1	816	linear -1;1	tanh	tanh	logistic	logistic	0,2	0,1	0,2	91,88	1,20	50,90	92,66	91,93	88
	c	54	12	8	8	1	816	linear -1;1	tanh	tanh	logistic	logistic	0,1	0,3	0,1	93,15	1,10	47,00	94,29	91,30	84
	d	54	12	8	8	1	816	linear -1;1	tanh	tanh	logistic	logistic	0,1	0,3	0,3	90,52	1,30	52,60	91,81	91,04	86
	e	54	12	8	8	1	816	linear -1;1	tanh15	tanh15	logistic	logistic	0,2	0,1	0,3	92,12	1,20	44,90	93,30	90,49	83
	f	54	12	8	8	1	816	linear -1;1	tanh15	tanh15	logistic	logistic	0,2	0,1	0,1	87,22	1,50	51,10	88,51	90,86	83
	g	54	12	8	8	1	816	linear -1;1	logistic	logistic	logistic	logistic	0,2	0,1	0,3	87,58	1,50	50,90	87,84	90,16	83
	h	54	12	8	8	1	816	linear -1;1	sin	sin	logistic	logistic	0,2	0,1	0,3	91,28	1,20	44,80	93,32	90,27	83
	i	54	12	8	8	1	816	linear -1;1	gauß	gauß	logistic	logistic	0,2	0,1	0,3	86,03	1,50	51,50	89,24	81,79	82
	a	54	13	10	8	1	920	linear -1;1	tanh	tanh	logistic	logistic	0,2	0,1	0,1	90,50	1,30	49,20	92,13	90,00	83
	b	54	13	10	8	1	920	linear -1;1	tanh	tanh	logistic	logistic	0,2	0,1	0,2	91,21	1,30	49,80	92,00	91,30	83
	c	54	13	10	8	1	920	linear -1;1	tanh	tanh	logistic	logistic	0,1	0,3	0,1	89,89	1,30	50,70	91,16	91,24	83
	d	54	13	10	8	1	920	linear -1;1	tanh	tanh	logistic	logistic	0,1	0,3	0,3	89,92	1,40	50,60	90,92	90,26	83
	e	54	13	10	8	1	920	linear -1;1	tanh15	tanh15	logistic	logistic	0,2	0,1	0,1	90,34	1,30	48,50	92,19	91,11	83
	f	54	13	10	8	1	920	linear -1;1	tanh15	tanh15	logistic	logistic	0,2	0,1	0,3	89,76	1,30	50,50	90,81	90,61	8
	g	54	13	10	8	1	920	linear -1;1	logistic	logistic	logistic	logistic	0,2	0,1	0,3	86,75	1,60	50,60	86,25	91,16	8
	h	54	13	10	8	1	920	linear -1;1	sin	sin	logistic	logistic	0,2	0,1	0,3	87,61	1,50	51,90	88,25	90,07	8
	i	54	13	10	8	1	920	linear -1;1	gauß	gauß	logistic	logistic	0,2	0,1	0,3	83,57	1,60	59,20	87,68	77,73	8

Anhang E - 13: Auswertung der generierten Netze für die Gesamtbetrachtung mit Variation der Parameter

Netzgröße

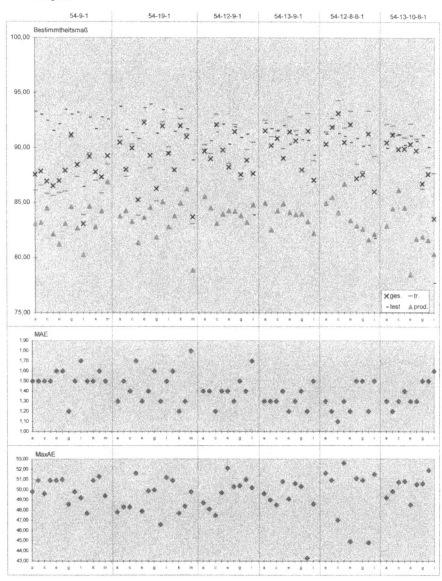

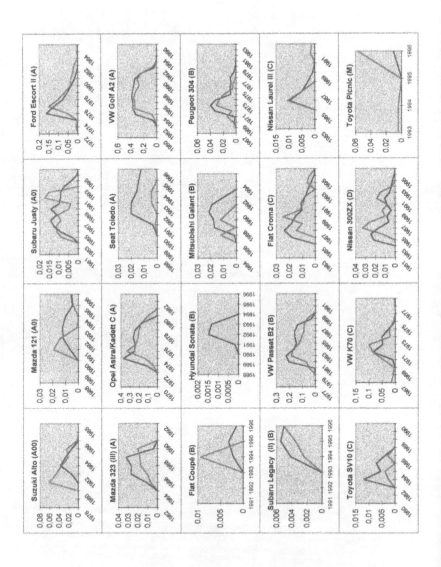

Anhang F - 1: Die Modellzyklen der Produktionsmenge für das ausgewählte dreischichtige Netz

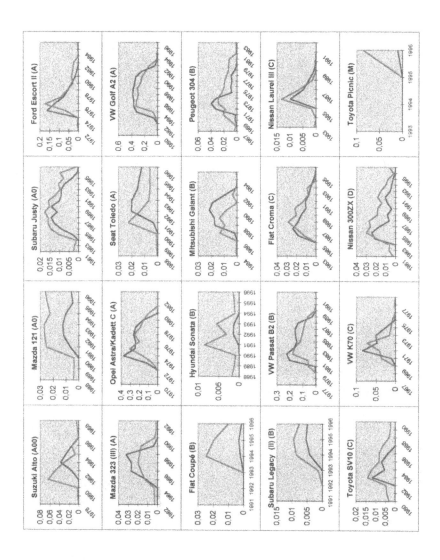

Anhang F - 2: Die Modellzyklen der Produktionsmenge für das ausgewählte
vierschichtige Netz

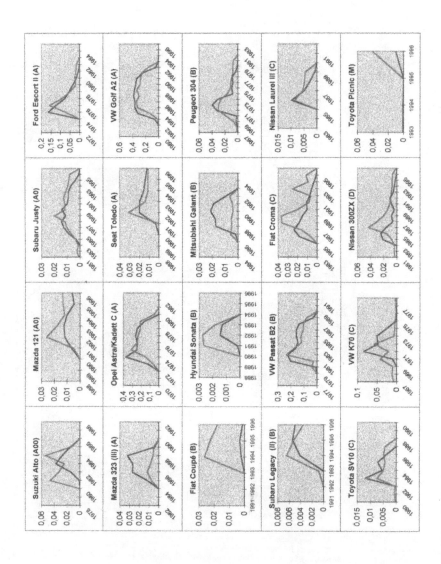

Anhang F - 3: Die Modellzyklen der Produktionsmenge für das ausgewählte
fünfschichtige Netz

Anhang G - 1: Prognose laufender Modellzyklen mit dem ausgewählten dreischichtigen Netz

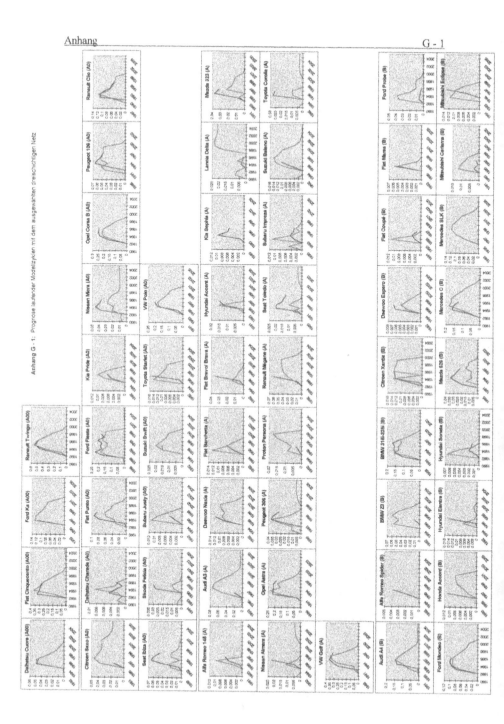

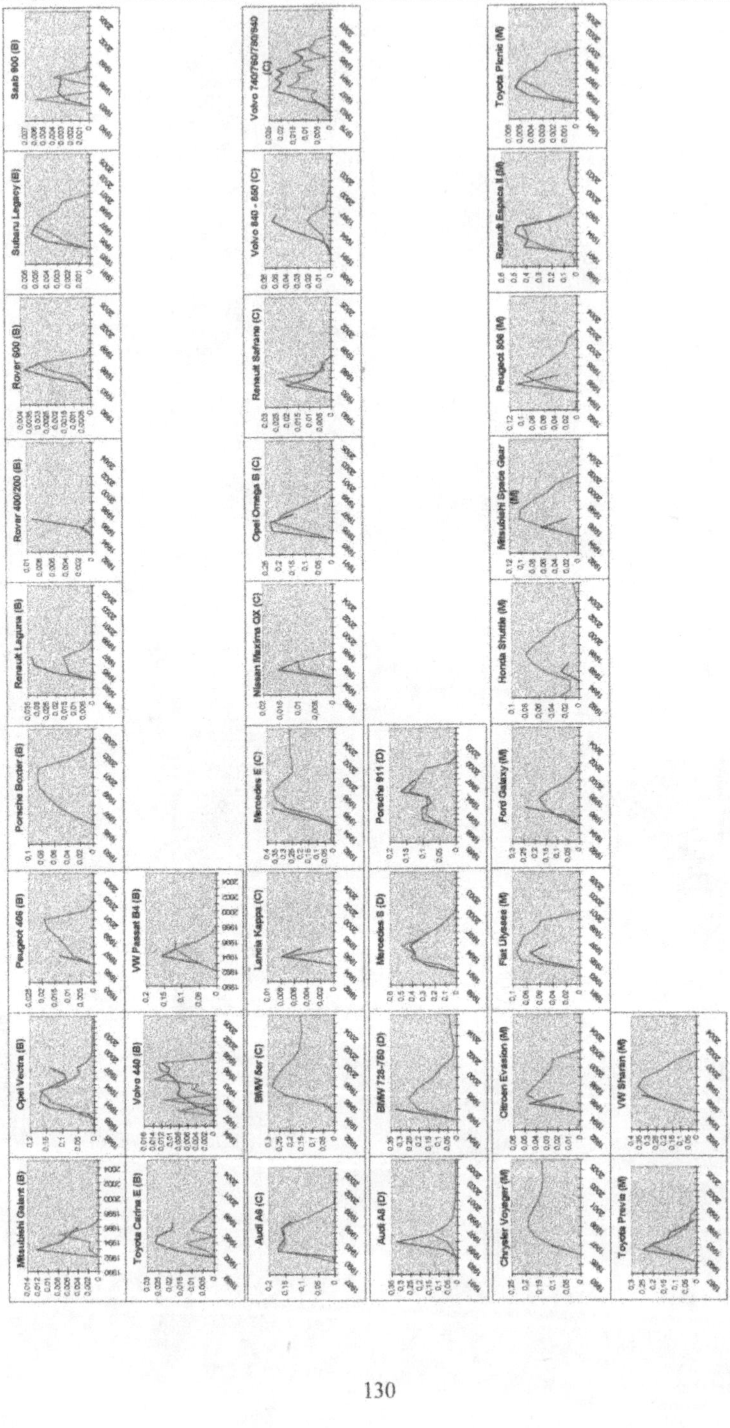
Mitsubishi Galant (B)
Opel Vectra (B)
Peugeot 406 (B)
Porsche Boxter (B)
Renault Laguna (B)
Rover 400/200 (B)
Rover 600 (B)
Subaru Legacy (B)
Saab 900 (B)
Toyota Carina E (B)
Volvo 440 (B)
VW Passat B4 (B)
Audi A6 (C)
BMW 5er (C)
Lancia Kappa (C)
Mercedes E (C)
Nissan Maxima QX (C)
Opel Omega B (C)
Renault Safrane (C)
Volvo 840 - 850 (C)
Volvo 740/760/780/940 (C)
Audi A8 (D)
BMW 728-750 (D)
Mercedes S (D)
Porsche 911 (D)
Chrysler Voyager (M)
Citroen Evasion (M)
Fiat Ulysse (M)
Ford Galaxy (M)
Honda Shuttle (M)
Mitsubishi Space Gear (M)
Peugeot 806 (M)
Renault Espace II (M)
Toyota Picnic (M)
Toyota Previa (M)
VW Sharan (M)

Anhang G - 2: Prognose laufender Modellzyklen mit dem ausgewählten vierschichtigen Netz

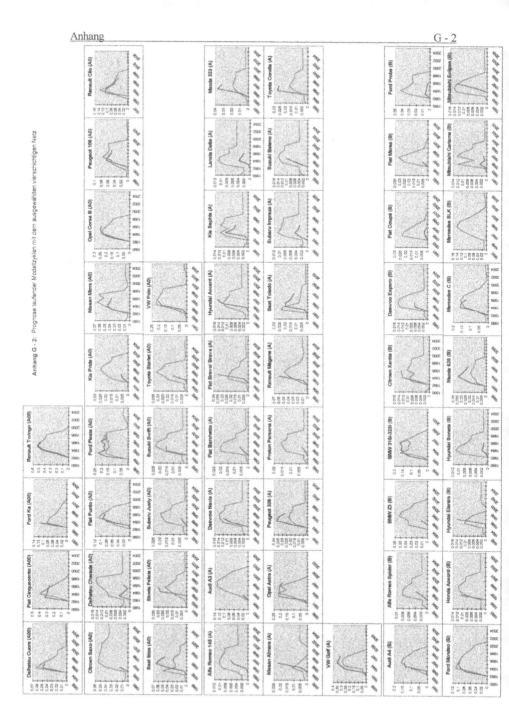

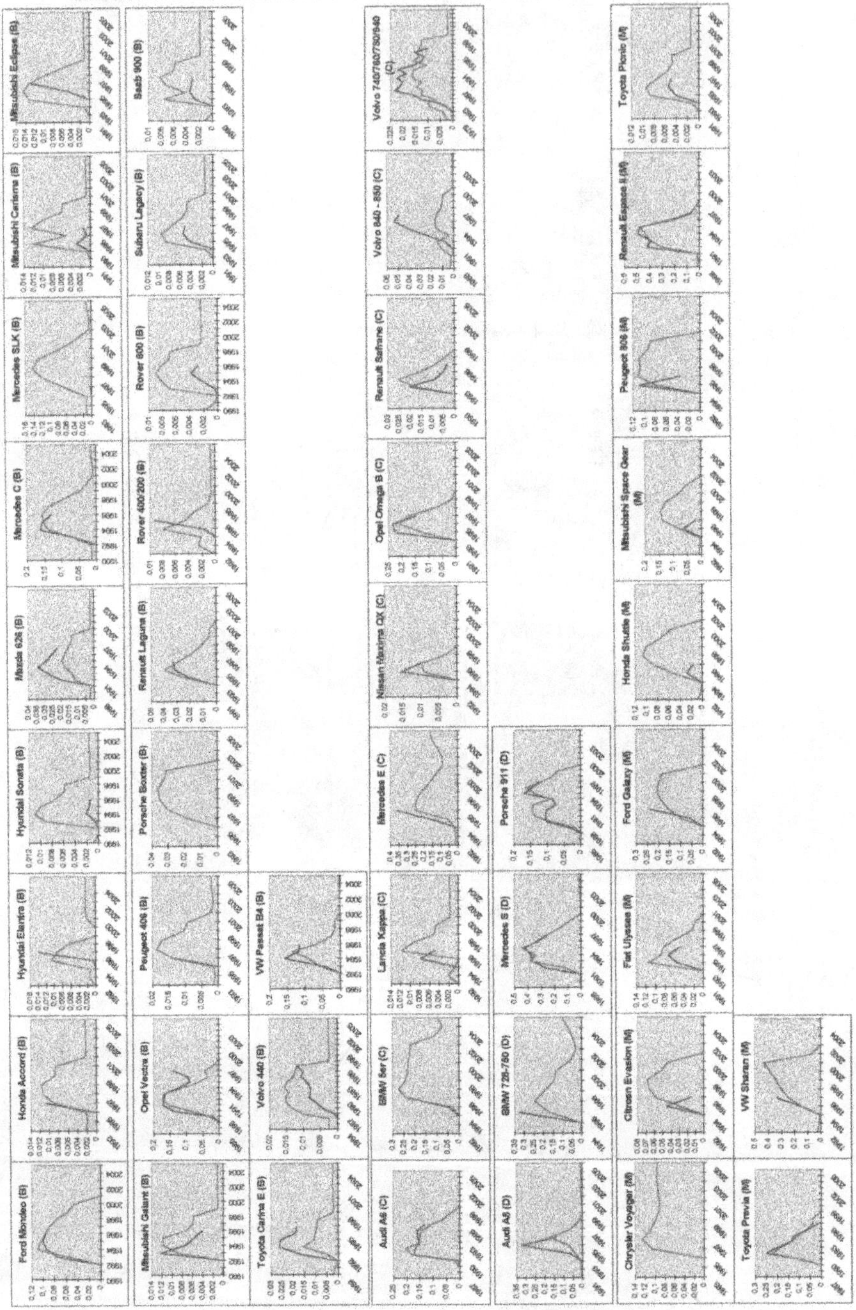

Anhang G - 3: Prognose laufender Modellzyklen mit dem ausgewählten fünfschichtigen Netz

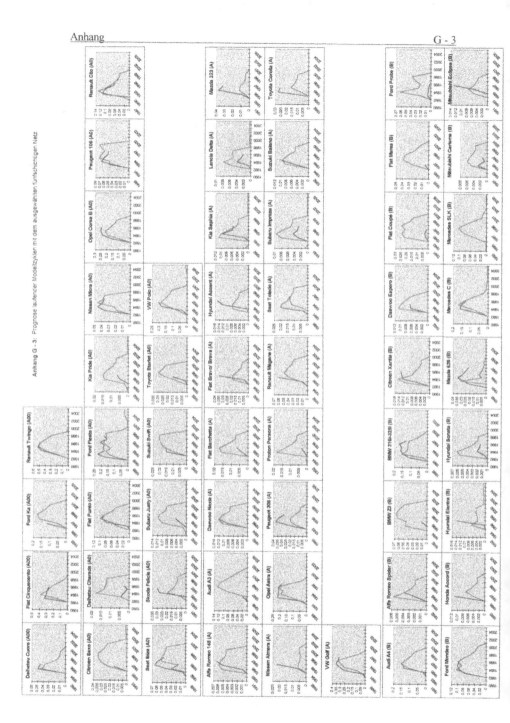

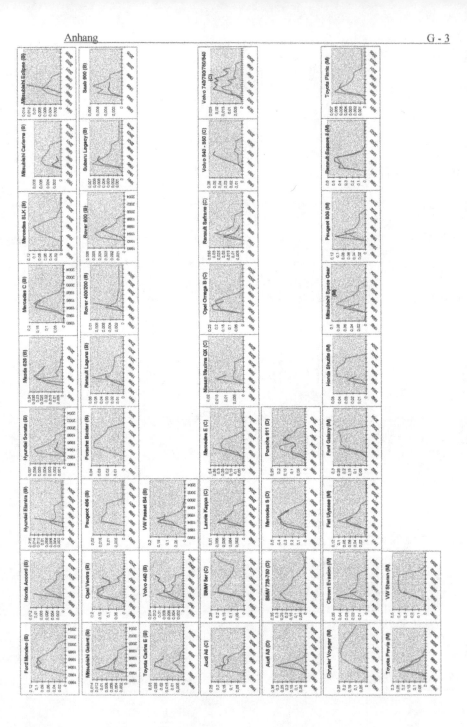

Golf IV

	0	1	2	3	4	5	6	7	8	9	10	11	12	13
Preis													97	98
Kombi		98	97	98	99	00	01	02	97,98	97,99	98,99	97,98,99	97,98,99	98
MER														
GP														
MP														
Segmentanteilsprognosen														
Jahr														
1994	0	0	0	0	0	0	0	0	0	0	0	0	0	0
1995	0	0	0	0	0	0	0	0	0	0	0	0	0	0
1996	0	0	0	0	0	0	0	0	0	0	0	0	0	0
1997	0,0286	0,0286	0,1336	0,0286	0,0286	0,0286	0,0286	0,0286	0,1336	0,1336	0,0286	0,1336	0,1588	0,1336
1998	0,0453	0,0569	0,1349	0,1407	0,0453	0,0453	0,0453	0,0453	0,2248	0,1349	0,1407	0,2248	0,2418	0,2227
1999	0,0391	0,0472	0,0988	0,1194	0,1156	0,0391	0,0391	0,0391	0,1893	0,1796	0,2035	0,2582	0,2683	0,2566
2000	0,0264	0,0301	0,0582	0,071	0,0802	0,0835	0,0264	0,0264	0,1262	0,1305	0,1484	0,2009	0,2114	0,1994
2001	0,0136	0,0148	0,021	0,031	0,0361	0,046	0,0593	0,0136	0,0562	0,0582	0,0738	0,109	0,1175	0,1078
2002	0,0053	0,0051	0,0027	0,0058	0,0109	0,0156	0,0274	0,0462	0,0104	0,0139	0,0201	0,0323	0,036	0,0318
2003	0,0009	0,0004	0	0	0	0,0027	0,0071	0,0198	0	0	0	0	0	0
2004	0	0	0	0	0	0	0	0	0	0	0	0	0	0
2005	0	0	0	0	0	0	0	0	0	0	0	0	0	0

Anhang H - 1: Sensitivitätsanalyse zu Kombi-Einführungen und MER

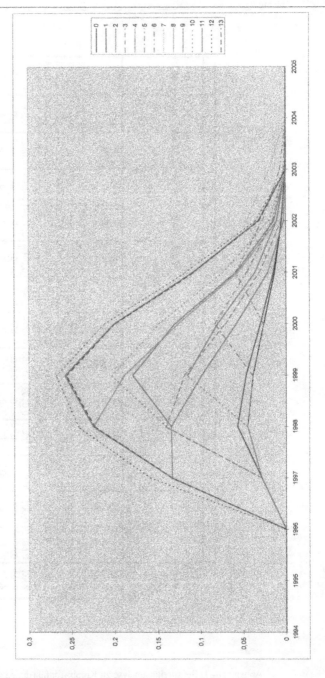

Golf IV

Preis / Kombi / MER / GP / MP	0	1	2	3	4	5	6	7	8	9	10	11	12	13
MER														97
GP		98	99	00	01	02	98	99	00	01	02	00	97,98,99	97,98,99
													00	00
MP												01	01	01
Jahr	Segmentanteilsprognosen													
1994	0	0	0	0	0	0	0	0	0	0	0	0	0	0
1995	0	0	0	0	0	0	0	0	0	0	0	0	0	0
1996	0	0	0	0	0	0	0	0	0	0	0	0	0	0
1997	0,0286	0,0286	0,0286	0,0286	0,0286	0,0286	0,0286	0,0286	0,0286	0,0286	0,0286	0,0286	0,1336	0,1588
1998	0,0453	0,0627	0,0453	0,0453	0,0453	0,0453	0,0684	0,0453	0,0453	0,0453	0,0453	0,0453	0,2248	0,2418
1999	0,0391	0,0515	0,0529	0,0391	0,0391	0,0391	0,0558	0,0587	0,0391	0,0391	0,0391	0,0391	0,2582	0,2683
2000	0,0264	0,0322	0,0347	0,0355	0,0264	0,0264	0,0343	0,0384	0,0382	0,0264	0,0264	0,0355	0,2288	0,2372
2001	0,0136	0,0155	0,0167	0,0182	0,0223	0,0136	0,0162	0,018	0,0196	0,0211	0,0136	0,0264	0,1733	0,1797
2002	0,0053	0,005	0,0059	0,0067	0,0091	0,0135	0,0049	0,0062	0,0071	0,0086	0,01	0,0103	0,0737	0,0774
2003	0,0009	0,0001	0,0004	0,0011	0,0019	0,0044	0	0,0002	0,0011	0,0017	0,0029	0,002	0,0128	0,0139
2004	0	0	0	0	0	0	0	0	0	0	0	0	0	0
2005	0	0	0	0	0	0	0	0	0	0	0	0	0	0

Anhang H - 2: Sensitivitätsanalyse zu GP und MP

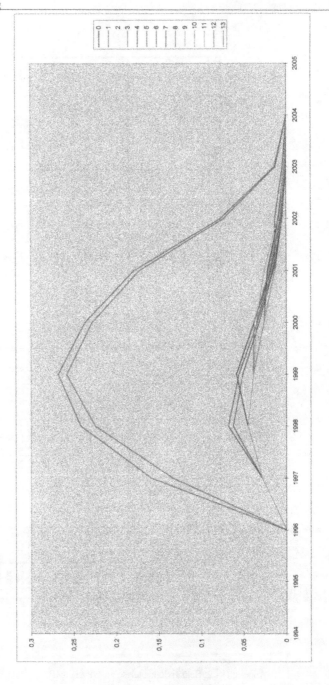

Golf IV

	0	1	2	3	4	5	6	7	8	9
Preis	19444	18500	19000	20000	20500	21000	21500	22000	22500	23000
Kombi	97	97	97	97	97	97	97	97	97	97
MER	97,98,99	97,98,99	97,98,99	97,98,99	97,98,99	97,98,99	97,98,99	97,98,99	97,98,99	97,98,99
GP										
MP										

Segmentanteilsprognosen

Jahr	0	1	2	3	4	5	6	7	8	9
1994	0	0	0	0	0	0	0	0	0	0
1995	0	0	0	0	0	0	0	0	0	0
1996	0	0	0	0	0	0	0	0	0	0
1997	0,1588	0,1586	0,1587	0,1589	0,1590	0,1591	0,1592	0,1594	0,1595	0,1596
1998	0,2418	0,2409	0,2414	0,2424	0,2429	0,2434	0,2439	0,2444	0,2449	0,2455
1999	0,2683	0,2669	0,2676	0,2691	0,2698	0,2706	0,2714	0,2721	0,2729	0,2737
2000	0,2114	0,2101	0,2108	0,2122	0,2130	0,2137	0,2145	0,2153	0,2160	0,2168
2001	0,1175	0,1165	0,1170	0,1180	0,1186	0,1191	0,1196	0,1202	0,1208	0,1213
2002	0,0360	0,0357	0,0358	0,0361	0,0363	0,0365	0,0367	0,0368	0,0370	0,0372
2003	0	0	0	0	0	0	0	0	0	0
2004	0	0	0	0	0	0	0	0	0	0
2005	0	0	0	0	0	0	0	0	0	0

Anhang H - 3: Sensitivitätsanalyse zum Preis

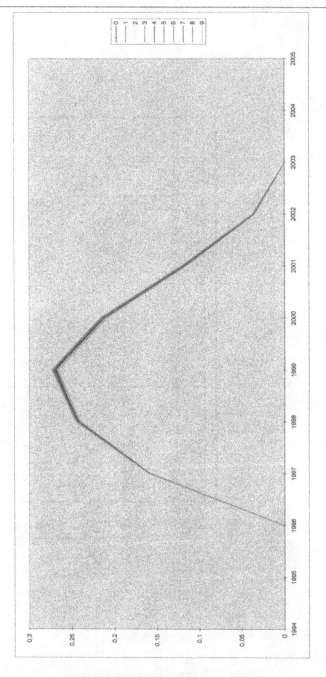

Golf IV

	0	1	2	3	4	5	6	7	8	9	10	11	12
Preis	19444	19444	19444	19444	19444	19444	19444	19444	19444	19444	19444	19444	19444,1
Kombi	97	97	97	97	97	97	97	97	97	97	97	97	97
MER	97,98,99...97,98,99												
GP													
MP						-0,02	-0,05	+0,02	+0,05				
Konk.1		-0,02	-0,05	+0,02	+0,05					-0,02	-0,05	+0,02	+0,05
Konk.2													
Konk. 3													
Segmentanteilsprognosen													
Jahr													
1994	0	0	0	0	0	0	0	0	0	0	0	0	0
1995	0	0	0	0	0	0	0	0	0	0	0	0	0
1996	0	0	0	0	0	0	0	0	0	0	0	0	0
1997	0,1588	0,1571	0,1547	0,1606	0,1634	0,1557	0,1521	0,1624	0,1685	0,1564	0,1532	0,1615	0,1659
1998	0,2418	0,2387	0,2343	0,2452	0,2506	0,2427	0,2455	0,2418	0,2431	0,2382	0,2325	0,2455	0,2509
1999	0,2683	0,2635	0,2569	0,2734	0,2818	0,2750	0,2878	0,2629	0,2570	0,2633	0,2548	0,2728	0,2788
2000	0,2114	0,2050	0,1963	0,2185	0,2304	0,2171	0,2285	0,2071	0,2029	0,2052	0,1940	0,2168	0,2237
2001	0,1175	0,1109	0,1024	0,1249	0,1379	0,1199	0,1261	0,1160	0,1156	0,1103	0,0984	0,1240	0,1331
2002	0,0360	0,0319	0,0268	0,0407	0,0495	0,0360	0,0372	0,0364	0,0379	0,0306	0,0232	0,0416	0,0506
2003	0	0	0	0,0014	0,0049	0	0	0	0,0010	0	0	0,0028	0,0091
2004	0	0	0	0	0	0	0	0	0	0	0	0	0
2005	0	0	0	0	0	0	0	0	0	0	0	0	0

Anhang H - 4: Sensitivitätsanalyse zu den Konkurrenzmodellen

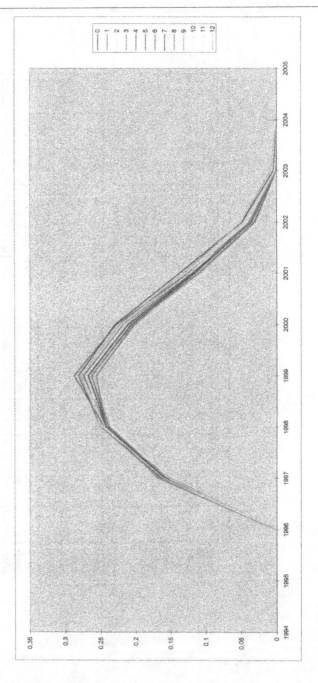

Golf IV

	0	1	2	3	4	5	6	7	8	9	10	11	12
Preis	19444	19444	19444	19444	19444	19444	19444	19444	19444	19444	19444	19444	19444
Kombi	97	97	97	97	97	97	97	97	97	97	97	97	97
MER	97,98,99	97,98,99	97,98,99	97,98,99	97,98,99	97,98,99	97,98,99	97,98,99	97,98,99	97,98,99	97,98,99	97,98,99	97,98,99
GP													
MP													
1. Vorjahr		-0,03	+0,03							-0,03	+0,03	-0,03	+0,03
2. Vorjahr				-0,03	+0,03					-0,03	+0,03	-0,03	+0,03
3. Vorjahr						-0,03	+0,03					-0,03	+0,03
4. Vorjahr								-0,03	+0,03				

Jahr	Segmentanteilsprognosen												
	0	1	2	3	4	5	6	7	8	9	10	11	12
1994	0	0	0	0	0	0	0	0	0	0	0	0	0
1995	0	0	0	0	0	0	0	0	0	0	0	0	0
1996	0	0	0	0	0	0	0	0	0	0	0	0	0
1997	0,1588	0,1588	0,1588	0,1588	0,1588	0,1588	0,1588	0,1588	0,1588	0,1588	0,1588	0,1588	0,1588
1998	0,2418	0,2214	0,2601	0,2418	0,2418	0,2418	0,2418	0,2418	0,2418	0,2214	0,2601	0,2214	0,2601
1999	0,2683	0,2318	0,2993	0,2714	0,2651	0,2683	0,2683	0,2683	0,2683	0,2361	0,2973	0,2361	0,2973
2000	0,2114	0,1442	0,2748	0,2173	0,2054	0,2091	0,2138	0,2114	0,2114	0,1517	0,2710	0,1500	0,2735
2001	0,1175	0,0457	0,2094	0,1268	0,1081	0,1148	0,1205	0,1186	0,1164	0,0546	0,2022	0,0542	0,2071
2002	0,0360	0,0000	0,1225	0,0451	0,0275	0,0351	0,0372	0,0377	0,0343	0,0010	0,1118	0,0019	0,1172
2003	0	0	0,0535	0,0055	0	0	0	0,0009	0	0	0,0434	0	0,0470
2004	0	0	0,0218	0	0	0	0	0	0	0	0,0144	0	0,0180
2005	0	0	0	0	0	0	0	0	0	0	0	0	0

Anhang H - 5: Sensitivitätsanalyse zur eigenen Historie

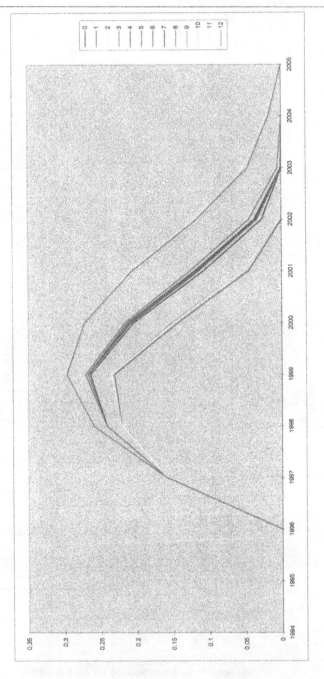

Literaturverzeichnis

Ackley, David H./ Hinton, Geoffrey E./ Sejnowski, Terrence J. (1985): A learning algorithm for Boltzmann machines, Cognitive Science, vol. 9, S. 147-169, in: Anderson/ Rosenfeld (1989), S. 638-650.

Adam, Dietrich/ Hering, Thomas/ Welker, Michael (1995a): Künstliche Intelligenz durch neuronale Netze (I), in: Das Wirtschaftsstudium, Heft 6, 1995, S. 507-514.

Adam, Dietrich/ Hering, Thomas/ Welker, Michael (1995b): Künstliche Intelligenz durch neuronale Netze (II), in: Das Wirtschaftsstudium, Heft 7, 1995, S. 587-592.

Albit GmbH, Mülheim/ Ruhr (1992): Bestandsaufnahme des Forschungsstandes und des Einsatzes neuronaler Netze: Gemeinschaftsstudie der Albit GmbH, Mülheim/ Ruhr; Düsseldorf: Ministerium für Wirtschaft, Mittelstand und Technologie des Landes NRW.

Albrecht, Rudolf F./ Reeves, Colin R./ Steele, Nigel C. (eds.) (1993): Artificial Neural Nets and Genetic Algorithms, Proceedings of the International Conference in Innsbruck, Austria, 1993; Wien, New York: Springer.

Anderson, James A. (1995): An Introduction to Neural Networks; Cambridge MA: MIT Press.

Anderson, James A./ Rosenfeld, Edward (Hrsg.) (1989): Neurocomputing, Foundations of Research; Cambridge MA: MIT Press.

Andlinger, Paul (1992): Fuzzy NEUNET: Eine Weiterentwicklung des Neuronennetz-Modells NEUNET-3, Dissertation, Johannes-Kepler-Universität Linz; Wien: Verband der wissenschaftlichen Gesellschaften Österreichs.

Ansoff, Harry I. (1965): Corporate Strategy - An Analytical Approach in Business Policy for Growth and Expansion; New York u.a.: McGraw Hill.

Ansoff, Harry I. (1987): Corporate Strategy - An Analytical Approach in Business Policy for Growth and Expansion, überarb. Aufl.; London: Penguin Books.

Arbib, Michael A. (Hrsg.) (1995): The Handbook of Brain Theory and Neural Networks; Cambridge MA: MIT Press.

Auto Motor Sport (1996): Auto Katalog, Modelljahr 1985 (Nr. 28) bis 1996 (Nr. 39); Stuttgart: Vereinigte Motor-Verlage.

Autosalon (1993): Autotypen-Übersicht der Weltproduktion mit technischen Daten, Preisen und Nebenkosten, Jahresbände 1969 - 1993; Bonn: Keller.

Azoff, Eitan Michael (1995): Neural network time series forecasting; Chichester, NY u.a.: John Wiley & Sons.

Bauer, Hans H./ Herrmann, Andreas (1995): Market demarcation: Theoretical framework and results of an empirical investigation of the German car market, in: European Journal of Marketing, vol. 29, No. 11, 1995, S. 18-34.

Bauer, Hans-Ulrich (1991): Nichtlineare Dynamik rückgekoppelter neuronaler Netze, Reihe Physik, Band 5; Thun, Frankfurt am Main: Deutsch-Verlag.

Berger, Roland/ Servatius, Hans-Gerd (1994): Die Zukunft des Autos hat erst begonnen, Ökologisches Umsteuern als Chance; München, Zürich: Piper.

Bernasconi, J. (1990): Learning and optimization, in: Garrido, Luis (Hrsg.) (1990): Lecture Notes in Physics: Statistical Mechanics of Neural Networks, Proceedings of the XIth Sitges Conference, Sitges, Barcelona, Spain, 3-7 June 1990; Berlin, Heidelberg u.a.: Springer.

Bishop, Christopher M. (1995): Neural Networks for Pattern Recognition, Department of Computer Science and Applied Mathematics, Aston University, Birmingham; Oxford: Clarendon Press.

Blien, Uwe/ Lindner, Hans-Günther (1993): Neuronale Netze: Werkzeuge für empirische Analysen ökonomischer Fragestellungen, in: Jahrbücher für Nationalökonomie und Statistik, Bd. 212, H. 5/6, November 1993, S. 497-521.

Braun, Heinrich/ Feulner, Johannes/ Malaka, Rainer (1995): Praktikum Neuronale Netze; Berlin, Heidelberg u.a.: Springer.

Braun, Heinrich/ Ragg, Thomas (1996a): Evolution neuronaler Netze, in: Beiträge zur Herbstschule HeKoNN96, Münster/Westfalen 1996, GMD-Studien Nr. 300, Oktober 1996, S. 209 - 230.

Braun, Heinrich/ Ragg, Thomas (1996b): ENZO, Evolution of Neural Networks, User Manual and Implementation Guide, Version 1.0, Technical Report 21/96, Universität Karlsruhe; ftp://ftp.ira.uka.de/pub/papers/techreports/1996/.

Brause, Rüdiger (1991): Neuronale Netze: Eine Einführung in die Neuroinformatik, 1. Aufl.; Stuttgart: Teubner.

Brause, Rüdiger (1995): Neuronale Netze: Eine Einführung in die Neuroinformatik, 2. überarb. und erw. Aufl.; Stuttgart: Teubner.

Caudill, Maureen/ Butler, Charles (1992): Understanding neural networks, vol. 1 and 2; Cambridge MA: MIT Press.

Cichoki, Andrzej/ Unbehauen, Rolf (1993): Neural networks for optimization and signal processing; Chichester u.a.: Wiley; Stuttgart: Teubner.

Corsten, Hans/ May, Constantin (1994): Möglichkeiten der Produktionsplanung und -steuerung durch Künstliche Neuronale Netze, Diskussionsbeiträge der Wirtschaftswissenschaftlichen Fakultät Ingolstadt, Katholische Universität Eichstätt, Nr. 57, 1994.

Corsten, Hans/ May, Constantin (Hrsg.) (1996a): Neuronale Netze in der Betriebswirtschaft, Anwendung in Prognose, Klassifikation und Optimierung, ein Reader; Wiesbaden: Gabler.

Corsten, Hans/ May, Constantin (1996b): Anwendungsfelder Neuronaler Netze und ihre Umsetzung, in: Corsten/ May (1996a), S. 1-16.

Cox, William E. jr. (1967): Product life cycles as marketing models, in: The journal of business, vol. 40, No. 4, October 1967, The Graduate School of Business of the University of Chicago, S. 375-384.

Cruse, Carsten/ Leppelmann, Stefan (1995): Neuronale Netze: Konzept, Funktionsweise und Anwendungsmöglichkeiten in der Praxis, in: FB/IE, Heft 4, Band 44,1995; Darmstadt, S. 168-172.

DeFelipe, Javier/ Jones, Edward G. (1988): Cajal on the cerebral cortex. An annotated translation of the complete writings; Oxford: Oxford University Press.

Diekmann, Achim (1984): Die Automobilindustrie in Deutschland, Wirtschafts- und gesellschaftspolitische Grundinformationen, Bd. 61, Nr. 5/1984; Köln: Deutscher Instituts-Verlag.

Diez, Willi (1990): Modellzyklen als produktpolitisches Entscheidungsproblem, Erfahrungen und Perspektiven in der deutschen Automobilindustrie, in: Schmalenbachs Zeitschrift für betriebswirtschaftliche Forschung, Jg. 42, Nr. 3/1990.

Diez, Willi/ Meffert, Heribert/ Brachat, Hannes (1994): Grundlagen der Automobilwirtschaft; Ottobrunn: Verlag Autohaus.

Dorffner, Georg (1991): Konnektionismus von neuronalen Netzwerken zu einer "natürlichen KI", Leitfäden der angewandten Informatik; Stuttgart: Teubner.

Dorffner, Georg (Hrsg.) (1995): Konnektionismus und Neuronale Netze: Beiträge zur Herbstschule HeKoNN95, Münster/ Westfalen, 2.-6.Okt. 1995, GMD Forschungszentrum Informationstechnik.

Dorigo, Marco (1997): Ant Colony Optimization, IRIDIA, Université Libre de Bruxelles; http://iridia.ulb.ac.be/dorigo/ACO/ACO.html.

Elman, Jeffrey L. (1990): Finding structure in time, in: Cognitive Science, Nr. 14/1990, S. 179-211.

Elman, Jeffrey L. (1991): Incremental learning, or The importance of starting small, in: Proceedings of the Thirteenth Annual Conference of the Cognitive Science Society; Hillsdale NJ: Erlbaum, S. 443-448.

Elman, Jeffrey L. (1994): Implicit learning in neural networks: The importance of starting small, in: Umilty, C. et al. (Hrsg.): Attention and Performance VI, Conscious and nonconscious information processing; Cambridge MA: MIT Press, S. 861-888.

Faißt, Jürgen (1993): Hierarchische Planung unter Einsatz neuronaler Netze: Illustriert an Untersuchungen zum flexiblen Personalmanagement; Heidelberg: Physica-Verlag.

Fausett, Laurene V. (1994): Fundamentals of neural networks: architecture, algorithms, and applications; Englewood-Cliffs NJ: Prentice-Hall.

Finger, Stanley (1994): Origins of Neuroscience: A History of Explorations into Brain Function; New York, Oxford: Oxford University Press.

Gaul, Wolfgang/ Decker, Reinold/ Wartenberg, Franz (1994): Analyse von Panel- und POS-Scanner-Daten mit neuronalen Netzen, in: Jahrbuch der Absatz- und Verbraucherforschung, Heft 3, 1994, S. 281-306.

Gorr, Wilpen L. (1994): Neural Networks in Forecasting, Special Section, Editorial: Research Prospective on Neural Network Forecasting, in: International Journal of Forecasting Nr. 10(1), June 1994, S. 1-4.

Grauel, Adolf (1992): Neuronale Netze: Grundlagen und mathematische Modellierung; Mannheim, Leipzig, Wien, Zürich: BI-Wiss.-Verlag.

Grossberg, Stephen (1988): Neural networks and natural intelligence; Cambridge MA: MIT Press.

Grossberg, Stephan/ Levine, Daniel S./ Schmajuk, Nestor (1992): Associative learning and selective forgetting in a neural network regulated by reinforcement and attentive feedback, in: Levine, D.S./ Leven, S.J. (Hrsg.): Motivation, emotion, and goal direction in neural networks; Hillsdale NJ: Erlbaum, S. 37-62.

Guyton, Arthur C. (1992): Basic neuroscience: Anatomy & Physiology, 2nd ed.; Philadelphia u.a.: Saunders.

Hamilton, Patrick (1993): Künstliche Neuronale Netze: Grundprinzipien, Hintergründe, Anwendungen; Berlin, Offenbach: vde-verlag.

Hamilton, Patrick (1995): Neuronale Experimente; Berlin, Offenbach: vde-verlag.

Hantschel, Gabriele/ Zimmermann, Hans Georg (1992): Neuronale Netze zur Prognose in der Finanz- und Automobilwirtschaft, in: Corsten/ May (1996a), S. 37-44.

Hanssmann, Friedrich (1982): Quantitative Betriebswirtschaftslehre, Lehrbuch der modellgestützten Unternehmensplanung; München u.a.: Oldenbourg.

Hanssmann, Friedrich (1995): Quantitative Betriebswirtschaftslehre, Lehrbuch der modellgestützten Unternehmensplanung, 4. unwesentlich veränderte Aufl.; München u.a.: Oldenbourg.

Hassoun, Mohamad H. (1995): Fundamentals of artificial neural networks; Cambridge MA: MIT Press.

Hebb, Donald O. (1949): The Organization of Behaviour, New York: Wiley, Introduction und Kapitel 4 in Anderson/ Rosenfeld (1989), S. 45-56.

Hecht-Nielsen, Robert (1989): Neurocomputing; Reading MA: Addison-Wesley.

Heise, Gilbert/ Hünerberg, Reinhard (1995): Globale Segmentierung - Herausforderung für das Automobilmarketing, in: Hünerberg, R./ Heise, G./ Hoffmeister, M. (Hrsg.): Internationales Automobilmarketing: Wettbewerbsvorteile durch marktorientierte Unternehmensführung; Wiesbaden: Gabler, S. 83 - 120.

Henseler, J. (1995): Back Propagation, in: Braspenning, Petrus J./ Thuijsman, F./ Weijters, A.J.M.M. (eds.) (1995): Artificial neural networks: an introduction to ANN theory and practice; Berlin u.a.: Springer; S. 37-66.

Hill, Tim et al. (1994): Artificial Neural Network Models for Forecasting and Decision Making, in: International Journal of Forecasting Nr. 10 (1), June 1994, S. 5-15.

Höft, Uwe (1992): Lebenszykluskonzepte: Grundlage für das strategische Marketing- und Technologiemanagement; Berlin: Erich Schmidt.

Hoffmann, Norbert (1992): Simulation neuronaler Netze: Grundlagen, Modelle, Programme in Turbo-Pascal 3, 2. verb. Aufl.; Braunschweig: Vieweg.

Hoffmann, Norbert (1993): Kleines Handbuch neuronaler Netze (Anwendungsorientiertes Wissen zum Lernen und Nachschlagen); Braunschweig: Vieweg.

Hoffmann, Norbert (1994): Simulating Neural Networks; Braunschweig, Wiesbaden: Vieweg.

Hopfield, John J. (1982): Neural networks and Physical systems with emergent collective computational abilities, in: Proceedings of the National Academy of Science of the United States of America, vol. 79, April 1982; S. 2554-2558.

Hünerberg, Reinhard (Hrsg.) (1995): Internationales Automobilmarketing: Wettbewerbsvorteile durch marktorientierte Unternehmensführung; Wiesbaden: Gabler.

Jagoda, Fritz (1972): Die Produktpolitik der westdeutschen Automobilindustrie, Dissertation, Technische Hochschule Darmstadt.

Jones, William P./ Hoskins, Josiah (1987): Back-Propagation. A generalized delta learning rule, in: BYTE, October 1987, S. 155-162.

Jung, Hans-Hermann/ Wiedmann, Klaus-Peter (1994): Konnektionistische Prognose-Modelle: Möglichkeiten und Probleme des Einsatzes neuronaler Netze im marketingorientierten Kontext, Institut für Marketing; Mannheim.

Kandel, Erich R./ Schwartz, James H. (1985): Principles of Neural Science, 2nd ed.; New York u.a.: Elsevier.

Katalog der Automobil-Revue (1990): Alle Autos der Welt, Ratgeber Autokauf, Preisliste, Betriebskosten, Technik-Umschau, Ausgaben 1970, 1975, 1980, 1985 und 1990.

Kellner, Maximilian (1987): Absatzprognose im Automobilmarkt, Betriebswirtschaftliche Forschungsbeiträge, Band 28; München: GBI-Verlag.

KFBA (1996): Statistische Mitteilungen des Kraftfahrt Bundesamtes Reihe 1, Heft 1/1982 bis 12/1996.

Kinnebrock, Werner (1992): Neuronale Netze: Grundlagen, Anwendungen, Beispiele; München, Wien: Oldenbourg.

Klimasauskas, Casimir C. (1991): Neural Nets Tell Why, in: Dr. Dobb's Journal, April 1991, S. 16-24.

Kohonen, Teuvo (1982): Self-organized formation of topologically correct feature maps, in: Biological Cybernetics, vol. 43/1982; Springer, S. 59-69.

Kohonen, Teuvo (1989): Self-Organization and Associative Memory; Berlin u.a.: Springer.

Kopecz, Jörg (1994): Grundlagen und Anwendung neuronaler Netze, in: Gabriel, R./ Werners, B. (Hrsg.) (1994): Unternehmensplanung, Modellierung von Entscheidungsunterstützungssystemen, Arbeitsbericht des Instituts für Unternehmensführung und Unternehmensforschung, Ruhr-Universität Bochum, S. 75-90.

Kratzer, Klaus-Peter (1993): Neuronale Netze: Grundlagen und Anwendungen, 2. durchges. Aufl.; München, Wien: Hanser.

Krause, Clemens (1993): Kreditwürdigkeitsprüfung mit Neuronalen Netzen; Düsseldorf: IDW-Verlag.

Lawrence, Jeannette (1992): Neuronale Netze; München: Systhema-Verlag.

Lindenmair, Wolfgang (1995): Arbeitshefte Informatik. Neuronale Netze; Stuttgart u.a.: Ernst Klett-Verlag.

Little, John D.C. (1970): Models and Managers: The Concept of a Decision Calculus, in: Management Science, vol. 16, No. 8, April 1970, S. B466-B485.

Lohrbach, Thomas (1994): Einsatz von Künstlichen Neuronalen Netzen für ausgwählte betriebswirtschaftliche Aufgabenstellungen und Vergleich mit konventionellen Lösungsverfahren, Göttinger Wirtschaftsinformatik, Bd. 10; Göttingen: Unitext-Verlag.

Lutschewitz, Hartmut/ Kutschker, Michael (1977): Die Diffusion von innovativen Investitionsgütern. Theoretische Konzeption und empirische Befunde, Sozial- u. Wirtschaftspsychol. Entscheidungsforschung, Universität Mannheim Sonderforschungsbereich 24.

M., M. (1996): Optimierung von Lebenszyklen in der Automobilbranche, in: Marketing Newsletter, Oktober 1996, Hrsg. GIM - Gesellschaft für Innovatives Marketing e.V., Prof. Dr. H. Diller, Universität Erlangen-Nürnberg, S. 12-13.

Mandischer, Martin (1993): Representation and Evolution of Neural Networks, in: Albrecht/ Reeves/ Steele (1993), S. 643-649.

May, Constantin (1995): Vergleichende Gegenüberstellung von Softwaresystemen zur Simulation neuronaler Netze, Ingolstadt, Diskussionsbeiträge der Wirtschaftswissenschaftlichen Fakultät Ingolstadt/ Katholische Universität Eichstätt, Nr. 63, 1995.

Mazzetti, Alessandro (1992): Praktische Einführung in neuronale Netze; Hannover: Heise.

McCulloch, Warren S./ Pitts, Walter (1943): A logical calculus of the ideas immanent in nervous activity, in: Bulletin of Mathematical Biophysics, vol. 5/1943; S. 115-133.

Mechler, Bernhard (1995): Intelligente Informationssysteme: Fuzzy Logic und Neuronale Netze zur Unterstützung von Managemententscheidungen; Bonn, Paris, Reading MA u.a.: Addison-Wesley.

Meffert, Heribert (1991): Marketing: Grundlagen der Absatzpolitik, 7. überarb. und erw. Aufl., Nachdruck; Wiesbaden: Gabler.

Michel, O./ Biondi, J. (1995): From the chromosome to the neural network, in: Pearson/ Steele/ Albrecht (1995), S. 80 - 83.

Minsky, Marvin L. (1954): Neural Nets and the Brain Model Problem, Dissertation.

Minsky, Marvin L./ Papert, Seymour (1969): Perceptrons; Cambridge MA: MIT Press; S. 1-20 u. 73, in: Anderson/ Rosenfeld (1989), S. 161-170.

Moody, John (1993): Prediction Risk and Architecture Selection for Neural Networks, in: Cherkassy, Vladimir/ Friedmann, Jerome H./ Wechsler, Harry (eds.) (1993): From Statistics to Neural Networks, Theory and Pattern Recognition Applications; Berlin u.a.: Springer, S. 147-165.

Müller, Bernd (1993): Sturm auf das Gehirn - Der schnellste Neuro-Computer der Welt, in: Bild der Wissenschaft, Nr. 2/1993, S. 102-104.

Müller, Berndt (1995): Neural networks: an introduction (Physics of neural networks); Berlin, Heidelberg: Springer.

Müller, Bernd/ Rittmann, Rosemarie (1996): Gehirn, Gedächtnis, Neuronale Netze, Chip Spezial aktiv, 1. Aufl.; Würzburg: Vogel; Stuttgart: Vereinigte Motor-Verlage.

Munro, Paul W. (1993): Genetic Search for Optimal Representations in Neural Networks, in: Albrecht/ Reeves/ Steele (1993), S. 628-634.

Nachbar, Peter (1995): Entwurf robuster neuronaler Netze; Aachen: Shaker; zugl.: München, Technische Universität, Diss. 1994.

Nauck, Detlev/ Klawonn, Frank/ Kruse, Rudolf (1996): Neuronale Netze und Fuzzy-Systeme, 2. überarb. und erw. Aufl.; Braunschweig, Wiesbaden: Vieweg.

Nicholls, John G./ Martin, A. Robert/ Wallace, Bruce G. (1995): Vom Neuron zum Gehirn. Zum Verständnis der zellulären und molekularen Funktion des Nervensystems; Stuttgart u.a.: Gustav Fischer Verlag.

Palm, Günther/ Glünder, Helmut (1995): Neuronale Netze: Biologie und Theorie, in: Dorffner (1995), S. 11 - 18.

Pearson, David W./ Steele, Nigel C./ Albrecht, Rudolf F. (Hrsg.) (1995): Artificial Neural Net and Genetic Algorithms, Proceedings of the International Conference in Alès, France; Wien, New York: Springer.

Pietruska, Reinhard (1994): Statistische Verfahren und neuronale Netze zur Datenanalyse im Marketing: Ein systematischer Vergleich, dt. Hochschulschriften 917; Hänsel-Hohenhausen.

Platon (1964): Menon, 14. Kapitel, 80d5 - 81a2, Platon, Sämtliche Werke, Band 2; Rowolth.

Poddig, Thorsten (1992): Künstliche Intelligenz und Entscheidungstheorie; Wiesbaden: Dt. Univ.-Verlag.

Polli, Rolando/ Cook, Victor (1969): Validity of the Product Life Cycle, in: The journal of business, vol. 42, No. 4, Oct. 1969; The Graduate School of Business of the University of Chicago; S. 385-400.

Prechelt, Lutz (1994): PROBEN 1 - A Set of Neural Network Benchmark Problems and Benchmarking Rules, Fakultät für Informatik, Universität Karlsruhe, Technical Report 21/94.

Radermacher, Franz J. (1992): Biologische und künstliche neuronale Netze, in: IO, Zürich, 61.1992, Nr. 9, S. 59-63.

Ramón y Cajal (1988): siehe DeFelipe/ Jones (1988), Cajal on the cerebral cortex.

Rehkugler, Heinz/ Kerling, Matthias (1995): Einsatz neuronaler Netze für Analyse- und Prognosezwecke, in: Betriebswirtschaftliche Forschung und Praxis, Heft 3, 1995, S. 306-324.

Reibnitz, Ute von (1981): So können auch Sie die Szenario-Technik nutzen, in: Merketing-Journal, 14. Jg., H. 1, Januar/ Februar 1981, S. 37-41.

Reibnitz, Ute von (1991): Szenario-Technik, Instrumente für die unternehmerische und persönliche Erfolgsplanung; Wiesbaden: Gabler.

Rieger, Anke (o.J.): Neuronale Netzwerke, LS-8 Report 2, Fachbereich Informatik, Lehrstuhl VIII - Künstliche Intelligenz, Universität Dortmund.

Rieß, Markus (1994): Theoretische und empirische Aspekte der Eignung Neuronaler Netzwerke zur Wirtschaftsprognose, Inaugural-Dissertation, Wirtschaftswissenschaftliche Fakultät der Ruprecht-Karls-Universität Heidelberg.

Rigoll, Gerhard (1994): Neuronale Netze: Eine Einführung für Ingenieure, Informatiker und Naturwissenschaftler, Kontakt & Studium, Band 446; Renningen-Malmsheim: expert-Verlag.

Ritter, Helge/ Martinez Thomas/ Schulten, Klaus (1992): Neuronale Netze: Eine Einführung in die Neuroinformatik selbstorganisierender Netzwerke, 2. erw. Aufl.; Reading MA u.a.: Addison-Wesley.

Rittinghaus-Mayer, Diana (1993): Die Anwendung von neuronalen Netzen in der Marketingforschung; München: Akademischer Verlag.

Roberts, S.G./ Turega, M. (1995): Evolving neural network structures: an evaluation of encoding techniques, in: Pearson/ Steele/ Albrecht (1995), S. 96 - 99.

Rojas, Ranul (1993): Theorie der neuronalen Netze: Eine systematische Einführung; Berlin, Heidelberg u.a.: Springer.

Rosenblatt, Frank (1958): The perceptron: a probabilistic model for information storage and organization in the brain, Psychological Review, vol. 65, S. 386-408, in: Anderson /Rosenfeld (1989), S. 92-114.

Rosenblatt, Frank (1962): Principles of neurodynamics, Perceptrons and the theory of brain mechanism; Washington: Spartan Books

Rumelhart, David E./ Hinton, Geoffrey E./ Williams, Ronald J. (1986a): Learning internal representations by error propagation, Parallel Distributed Processing: Explorations in the Microstructures of Cognition, vol. I, Rumelhart/ McClelland (eds.); Cambridge MA: MIT Press, S. 318-362, in: Anderson/ Rosenfeld (1989), S. 675-695.

Rumelhart, David E./ Hinton, Geoffrey E./ Williams, Ronald J. (1986b): Learning representations by back-propagating errors, Nature, vol. 323, S. 533-536, in: Anderson/ Rosenfeld (1989), S. 696-700.

Sanchez-Sinecio, Edgar/ Lau, Clifford (Hrsg.) (1992): Artificial Neural Networks: Paradigms, Applications and Hardware Implementations; New York: IEEE Press.

Sauerburger, Heinz (1991): Grundlagen neuronaler Netze, in: HMD; Wiesbaden, Jg. 28, 1991, Heft 159, S. 7-28.

Schiffmann, W./ Joost, M./ Werner, R. (1993): Application of Genetic Algorithms to the Construction of Topologies for Multilayer Perceptrons, in: Albrecht/ Reeves/ Steele (1993), S. 675-682.

Schmidt, Hans (1990): Künstliche Neuronen - Vom Computer zum Elektronengehirn, in: Bild der Wissenschaft, Nr. 12/1990, S. 60-68.

Schmidt, Hans (1992): Künstliche Propheten - Neuronale Netze simulieren das Chaos, in: Bild der Wissenschaft, Nr. 4/1992, S. 40-44.

Schmitt, Michael (1996): Komplexität neuronaler Lernprobleme, Europäische Hochschulschriften: Reihe 41, Informatik, Bd. 20; Frankfurt am Main: Europäischer Verlag der Wissenschaften.

Schöneburg, Eberhard et al. (1990): Neuronale Netzwerke: Einführung, Überblick und Anwendungsmöglichkeiten; Haar bei München: Markt & Technik.

Schülen, Heinrich (1985): Langfristige Automobilmarktprognosen: Wie funktioniert der deutsche Automobilmarkt, Wissenschaftliche Schriften: Reihe 2, Betriebswirtschaftliche Beiträge, Bd. 104; Idstein: Schulz-Kirchner.

Simpson, Patrick K. (1992): Foundations of Neural Networks, in: Sanchez-Sinecio/ Lau (1992), S. 3 - 24.

Sink, Klaus (1992): Einsatz neuronaler Netze im Pharmamarketing, Dissertation, Albert-Ludwig-Universität Freiburg.

Smith, Colin (1988): Zur Identifikation von Marktsegmenten in der Automobilindustrie, Bonner Betriebswirtschaftliche Schriften, Bd. 25; Bonn.

Speckmann, Heike (1996): Dem Denken abgeschaut, Neuronale Netze im praktischen Einsatz; Braunschweig, Wiesbaden: Vieweg.

Spitzer, Manfred (1994): Neuronale Netzwerke, in: Medizinische Monatsschrift für Pharmazeuten, 17. Jahrgang, Heft 11/1994, S. 329-341.

Spitzer, Manfred (1996): Geist im Netz: Modelle für Lernen, Denken und Handeln; Heidelberg, Berlin, Oxford: Spektrum, Akad. Verlag.

Steiner, Manfred/ Wittkemper, Hans-Georg (1993): Neuronale Netze. Ein Hifsmittel für betriebswirtschaftliche Probleme, in: Die Betriebswirtschaft, Heft 4, 1993, S. 447-464.

Super Schwacke (1986): PKW/ Transporter/ Geländewagen, Ausgabe 1/86; Frankfurt: eurotax Schwacke.

Super Schwacke (1994): PKW/ Transporter/ Geländewagen, Ausgabe 5/94; Frankfurt: eurotax Schwacke.

Super Schwacke (1996): PKW/ Transporter/ Geländewagen, Ausgabe 6/96; Frankfurt: eurotax Schwacke.

VDA Verband der Automobilindustrie e. V. (1995): Tatsachen und Zahlen aus der Kraftverkehrswirtschaft, 1964/65 (29. Folge) bis 1996 (59. Folge).

Vogel, Stephan (1995): Genetische Algorithmen und Neuronale Netze, in: Dorffner (1995), S. 19-36.

VW (1995): Modellzyklen PKW ab 1970, Modelleinsatz/ -entfall, Modellerweiterung und Modellpflege europäischer und asiatischer Hersteller auf dem deutschen Markt, Ausgabe Nr. 3, Mai 1995.

Ward Systems (1995): NeuroShell 2, Manual, 3rd ed., August 1995, Ward Systems Group Inc.

Werbos, Paul J. (1995): Backpropagation: Basics and New Developments, in: Arbib, Michael (1995): The Handbook of Brain Theory and Neural Networks, S. 134-139.

Widrow, Bernard/ Hoff, Marcian E. (1960): Adaptive switching circuits, 1960 IRE WESCON Convention Record; New York: IRE, S. 96-104, in: Anderson/ Rosenfeld (1989), S. 126-134.

Widrow, Bernard/ Lehr, Michael A. (1992): 30 Years of Adaptive Neural Networks: Perceptron Madaline, and Backpropagation, in: Sanchez-Sinecio/ Lau (1992), S. 82-108.

Wiegert, R. (1974): Langfristige Prognoseverfahren, in: Ott, Alfred E. (Hrsg.) (1974): Probleme lang- und mittelfristiger Prognosen, speziell im Automobilsektor, Tagung des Instituts für Angewandte Wirtschaftsforschung Tübingen (IAW) und des Verbandes der Automobilindustrie e.V. (VDA) vom 2. - 6. Oktober 1974 in Bad Kissingen, Referate und Diskussionsbeiträge, Schriftenreihe des Verbandes der Automobilindustrie, Nr. 20; Frankfurt, S. 149-166.

Wilde, Klaus D. (1981): Langfristige Marktpotentialprognosen in der strategischen Planung; Düsseldorf: Mannhold.

Yip, P.P.C./ Pao, Y.-H. (1995): A perfect integration of neural networks and evolutionary algorithms, in: Pearson/ Steele/ Albrecht (1995), S. 88-91.

Zell, Andreas (1994): Simulation neuronaler Netze; Bonn: Addison-Wesley.

Zhang, Byoung-Tak (1992): Lernen durch genetisch-neuronale Evolution: Aktive Anpassung an unbekannte Umgebungen mit selbstentwickelnden parallelen Netzwerken; Sankt Augustin: Infix.

Arbeit selbständig angefertigt

...nen Gedanken sind als solche

Vorgelegt und auch noch nicht

Folgen haben wird.

Diplo...

Die Diplomarbeiten Ag...
Wirtschaftsstudien, Diplo...
und andere Studienabschluß...

Seriosität, Professionalität u...
- Kostenlose Aufnahme de...
- Faire Beteiligung an den ...
- Autorinnen und Autoren k...
- Effizientes Marketing übe...
- Präsenz im Internet unte...
- Umfangreiches Angebot v...
- Großer Bekanntheitsgrad

Setzen Sie s...

Diplo...
Dipl. Kf...
Dipl. W...
und Gu...

Herma...
22119

Fon: 04...
Fax: 04...

agentur...
www.d...

Ehrenwörtliche Erklärung

Ich erkläre hiermit ehrenwörtlich, daß ich die vorliegende Arbeit selbständig angefertigt habe; die aus fremden Quellen direkt oder indirekt übernommenen Gedanken sind als solche kenntlich gemacht.

Die Arbeit wurde bisher keiner anderen Prüfungsbehörde vorgelegt und auch noch nicht veröffentlicht.

Ich bin mir bewußt, daß eine unwahre Erklärung rechtliche Folgen haben wird.

Ingolstadt, den 28. August 1997

Roland Heipcke

Diplomarbeiten Agentur

Die Diplomarbeiten Agentur vermarktet seit 1996 erfolgreich
Wirtschaftsstudien, Diplomarbeiten, Magisterarbeiten, Dissertationen
und andere Studienabschlußarbeiten aller Fachbereiche und Hochschulen.

Seriosität, Professionalität und Exklusivität prägen unsere Leistungen:

- Kostenlose Aufnahme der Arbeiten in unser Lieferprogramm
- Faire Beteiligung an den Verkaufserlösen
- Autorinnen und Autoren können den Verkaufspreis selber festlegen
- Effizientes Marketing über viele Distributionskanäle
- Präsenz im Internet unter **http://www.diplom.de**
- Umfangreiches Angebot von mehreren tausend Arbeiten
- Großer Bekanntheitsgrad durch Fernsehen, Hörfunk und Printmedien

Setzen Sie sich mit uns in Verbindung:

Diplomarbeiten Agentur
Dipl. Kfm. Dipl. Hdl. Björn Bedey —
Dipl. Wi.-Ing. Martin Haschke ——
und Guido Meyer GbR ———

Hermannstal 119 k ———
22119 Hamburg ———

Fon: 040 / 655 99 20 ———
Fax: 040 / 655 99 222 ———

agentur@diplom.de ———
www.diplom.de ———